LE VÉRITABLE

DICTIONNAIRE DES VERBES

CONTENANT, PAR ORDRE ALPHABÉTIQUE

L'INFINITIF DIVISÉ EN RADICAL ET EN TERMINAISON

DE TOUS LES VERBES

USITÉS, INUSITÉS ET CONNUS

DE LA LANGUE FRANÇAISE

Avec renvois aux modèles sur lesquels ils sont conjugués dans le tableau ;

PAR LE CROM,

Officier de Santé.

Ouvrage indispensable à tous les gens qui font usage de la langue française et particulièrement aux chefs de famille.

PARIS

CHEZ TOUS LES LIBRAIRES

NAPOLÉONVILLE

Chez l'Auteur, rue Port-Morbihan.

1857

Paris.—Imprimé chez Bonaventure et Ducessois, 55, quai des Augustins.

AVERTISSEMENT DE L'AUTEUR.

Ce travail n'a pas été fait pour les commençants, et ne dispense pas des principes ni des règles de la grammaire, il faut, avant tout, commencer par les étudier et les apprendre, et connaître au moins un peu la conjugaison des verbes réguliers.

Cet ouvrage a été fait : 1° dans le but d'abréger et de faciliter le travail des élèves dans leurs études ; 2° dans le but de fournir aux personnes qui n'auraient pas appris les verbes, ou qui les auraient oubliés, tous les moyens et toutes les facilités de les apprendre seules en peu de temps et à l'aide de peu de travail ; 3° dans le but de fournir, pour toute la vie, un guide et un mémento sûr et durable à tous ceux qui font usage de la langue française.

Nous trouvons bien dans les dictionnaires tous les mots qui composent la langue française ; mais la terminaison des verbes ne se trouve pas toujours, encore faut-il plus ou moins de temps pour les chercher. On apprend les verbes, mais il est très-facile de les oublier. De là des difficultés sans nombre, toutes les fois que nous voulons faire usage de notre langue, soit pour écrire, soit pour parler, et souvent pour la plus petite phrase.

Il fallait donc un ouvrage de la nature de celui-ci ; il fallait un abrégé, un résumé succinct de tous les verbes, afin de faire disparaître à jamais toutes ces difficultés et voir d'un clin d'œil cette immense clef qui dirige et gouverne notre langue.

C'est là le dernier but que je me suis proposé en faisant cet ouvrage, et celui d'être utile à tout le monde en le mettant à la portée de tous, des enfants, et du pauvre comme du riche.

Nous devons aussi prévenir qu'il faut naturellement remplacer les numéros 1, 2, 3 du tableau pour les pronoms personnels, et les placer devant les verbes que l'on veut conjuguer ; qu'ils se doublent devant les verbes pronominaux ; et que le pronom relatif, *que*, se met devant les temps du subjonctif.

Un mot sur les verbes irréguliers : souvent les auteurs ne sont pas d'accord ; ni entre eux ni avec l'Académie, de manière que bien des verbes sont réguliers pour les uns et irréguliers pour les autres. Qui a raison, naturellement, c'est l'Académie, qui est chargée de nous diriger.

LE VÉRITABLE

DICTIONNAIRE DES VERBES

OBSERVATIONS ESSENTIELLES.

Afin de faciliter et de faire comprendre notre méthode pour la Conjugaison des Verbes, nous avons, dans le courant de ce Dictionnaire, divisé et séparé l'infinitif de tous les verbes en deux parties dont la connaissance est indispensable pour les conjuguer.

La première partie, ou le radical, est celle qui reste toujours invariable et la même dans tous les modes, les temps, les personnes et les nombres; elle ne varie que dans quelques verbes que nous faisons connaître sur le tableau ou dans le Dictionnaire.

La dernière partie ou la terminaison, au contraire, varie et change partout.

C'est cette partie qui doit être remplacée par les terminaisons que nous avons données sur le tableau, suivant le modèle sur lequel l'infinitif se conjugue.

Les numéros placés à la suite des verbes servent, pour les 2e, 3e et 4e conjugaisons, à indiquer les modèles sur lesquels ils se conjuguent, et pour la 1re, à indiquer le renvoi aux observations que nous avons données sur le tableau dont ils subissent les modifications.

		Rad. Term.		Rad. Term.		Rad. Term.	
2e CONJUGAISON.		affaibl ir	1	apoltron ir	1	attiéd ir	1
		afferm ir	1	aplat ir	1	s'avach ir	1
Rad. Term.		affranch ir	1	appart enir	5	av enir *ou*	5
abalourd ir	1	ag ir	1	appauvr ir	1	adv enir	5
abasourd ir	1	agrand ir	1	appesant ir	1	avert ir	1
abâtard ir	1	aguerr ir	1	applaud ir	1	avil ir	1
abêt ir	1	ahur ir	1	approfond ir	1	bann ir	1
abol ir	1	aigr ir	1	arrond ir	1	barr ir	1
abonn ir	1	alourd ir	1	assaill ir	2	bast ir	1
about ir	1	amaigr ir	1	assain ir	1	bât ir	1
abrut ir	1	amat ir	1	asserv ir	1	baud ir	1
s'abst enir	5	ameubl ir	1	assombr ir	1	bén ir	1
accompl ir	1	aminc ir	1	assort ir	1	blanch ir	1
accourc ir	1	amoindr ir	1	assoup ir	1	blât ir	1
accour ir	4	amoll ir	1	assoupl ir	1	blém ir	1
s'accroup ir	1	amort ir	1	assourd ir	1	bleu ir	1
accueill ir	2	anéant ir	1	assouv ir	1	blond ir	1
acqu érir	6	anobl ir	1	assujett ir *ou*	1	bloss ir	1
adouc ir	1	anord ir	1	assujét ir	1	se blott ir	1
affad ir	1	aplan ir	1	attendr ir	1	bond ir	

boufl ir	1
bouill ir	3
bourr ir	1
brand ir	1
bred ir	1
brou ir	1
bru ir	1
brun ir	1
but ir	1
se cand ir	1
cat ir	1
chanc ir	1
chér ir	1
chois ir	1
circonv enir	5
se clap ir	1
clat ir	1
compat ir	1
concour ir	4
conqu érir	6
consent ir	3
cont enir	5
contre-t enir	5
contrev enir	5
conv enir	5
convert ir	1
cour ir	4
couvr ir	2
crép ir	1
croup ir	1
cueill ir	2
déblanch ir	1
débouill ir	3
débrut ir	1
décat ir	1
découvr ir	2
dédorm ir	3
dédurc ir	1
défaill ir	11
défléch ir	1
défleur ir	1
défin ir	1
dégarn ir	1
dégauch ir	1
dégourd ir	1
dégross ir	1
déguerp ir	1
démaigr ir	1
dément ir	3
démol ir	1
démun ir	1
se dénant ir	1
se départ ir	3
départ ir	1
dépér ir	1
dépol ir	1
déprév enir	5
déraid ir *ou*	1
déroid ir	1
déroug ir	1
désaigr ir	1
désassort ir	1
désempl ir	1
désenlaid ir	1
désensevel ir	1
désendorm ir	3
désétourd ir	1
désinvest ir	1
désobé ir	1
desourd ir	1
dessais ir	1
dessert ir	1
desserv ir	3
désun ir	1
dét enir	5
dev enir	5
devêt ir	3
disconv enir	5
discour ir	4
divert ir	1
dorm ir	3
douc ir	1
durc ir	1
s'ébah ir	1
ébarou ir	1
s'ébaud ir	1
ébêt ir	1
éblou ir	1
ébouill ir	3
écat ir	1
éclairc ir	1
écrou ir	1
s'effleur ir	1
élarg ir	1
élég ir	1
embell ir	1
embout ir	1
embrun ir	1
emmaigr ir	1
empl ir	1
empuant ir	1
enchér ir	1
encouard ir	1
encour ir	4
endorm ir	3
s'endorm ir	3
endurc ir	1
enforc ir	1
enfou ir	1
s'enfu ir	7
englout ir	1
engourd ir	1
engross ir	1
enhard ir	1
enlaid ir	1
ennobl ir	1
s'enorgueill ir	1
s'enqu érir	6
enrich ir	1
ensevel ir	1
s'entre-avert ir	1
s'entre-ha ir	1
s'entre-cour ir	4
entret enir	5
s'entre-o uïr	9
s'entre-secour ir	4
entr'ouvr ir	2
envah ir	1
envers ir	1
envieill ir	1
épaiss ir	1
épanou ir	1
équarr ir	1
établ ir	1
étourd ir	1
étréc ir	1
s'évanou ir	1
faibl ir	1
fa illir	10
farc ir	1
fér ir	12
feuill ir	1
fin ir	1
flat ir	1
fléch ir	1
flétr ir	1
fleur ir	1
flor ir	1
forbann ir	1
forhou ir	1
fou ir	1
fourb ir	1
fourn ir	1
fraîch ir	1
franch ir	1
frém ir	1
froid ir	1
fu ir	7
garant ir	1
garn ir	1
gauch ir	1
se gaud ir	1
gém ir	1
ges ir ou gir	12
glap ir	1
grand ir	1
grav ir	1
gross ir	1
guér ir	1
ha ïr	1
henn ir	1
honn ir	1
infléch ir	1
interv enir	5
intervert ir	1
invest ir	1
iss ir	12
jaill ir	1
jaun ir	1
jou ir	1
laid ir	1
langu ir	1
lot ir	1
maigr ir	1
maint enir	5
mât ir	1
méchois ir	1
még ir	1
ment ir	3
mésav enir	5
mésoffr ir	2
messerv ir	3
meurtr ir	1
mois ir	1
moit ir	1
moll ir	1
m ourir	8
mug ir	1
mun ir	1
mûr ir	1
nant ir	1
noirc ir	1
nourr ir	1
obé ir	1
obscurc ir	1
obt enir	5
obv enir	5
offr ir	2
o uïr	9
ourd ir	1
ouvr ir	2
pâl ir	1

parbouill i	3	rebrun ir	1	ressort ir	3	travest ir	1
parcour	4	réchamp ir	1	se ressouv enir	5	tressaill ir	2
parfourn ir	1	reconqu érir	6	rétabl ir	1	tripol ir	1
part ir	3	reconv enir	5	ret enir	5	un ir	1
parv enir	5	recour ir	4	retent ir	1	vag ir	1
pât ir	1	recouvr ir	2	rétréc ir	1	venir	5
pér ir	1	recrép ir	1	rétroag ir	1	verd ir	1
pervert ir	1	récrou ir	1	réun ir	1	vern ir	1
pétr ir	1	recueillir	2	réuss ir	1	vess ir	1
pol ir	1	redémol ir	1	rev enir	5	vêt ir	3
pourr ir	1	redev enir	5	reverd ir	1	vieill ir	1
préétabl ir	1	redorm ir	3	revern ir	1	viol ir	1
préfin ir	1	refa illir	10	revêt ir	3	vom ir	1
prémun ir	1	refaibl ir	1	revom ir	1		
pressent ir	3	refléch ir	1	roidir ou raid ir	1	3e CONJUGAISON.	
prév enir	5	refleur ir	1	rond ir	1		
prov enir	5	refou ir	1	rôt ir	1	aperc evoir	1
pun ir	1	refourb ir	1	roug ir	1	app aroir	15
qu érir	6	refourn ir	1	rou ir	1	ass eoir	5
Rabêt ir	1	refranch ir	1	rouss ir	1	avoir	
rabonn ir	1	refroid ir	1	rouvr ir	2	bienv ouloir	6
rabougr ir	1	refu ir	7	rug ir	1	cha loir	15
rabout ir	1	regaillard ir	1	saill ir	2-1	ch oir	15
raccourc ir	1	regarn ir	1	sais ir	1	compar oir	15
raccour ir	4	rég ir	1	sal ir	1	conc evoir	1
raccorn ir	1	regross ir	1	sanc ir	1	se condoul oir	15
radouc ir	1	rejaill ir	1	secour ir	4	déc evoir	1
rafferm ir	1	rejaun ir	1	sent ir	3	déch oir	8
raffol ir	1	réjou ir	1	serfou ir	1	dém ouvoir	3
rafraîch ir	1	rélarg ir	1	sév ir	1	dépourv oir	2
ragaillard ir	1	rembrun ir	1	sert ir	1	d evoir	1
ragrand ir	1	rem ourir	8	serv ir	3	éch oir	13
rajeun ir	1	rempl ir	1	sort ir	3	ém ouvoir	3
ralent ir	1	renchér ir	1	sort ir	1	s'ém ouvoir	3
ramaigr ir	1	rendorm ir	3	souffr ir	2	entrev oir	2
ramoindr ir	1	rendurc ir	1	sout enir	5	équiva lloir	4
ramoit ir	1	renferm ir	1	se souv enir	5	fa lloir	11
ramoll ir	1	renform ir	1	sub ir	1	mess eoir	15
ramort ir	1	renhard ir	1	subv enir	5	m ouvoir	3
ranc ir	1	renoirc ir	1	subvert ir	1	perc evoir	1
rassort ir	1	renvah ir	1	surenchér ir	1	pl euvoir	12
rattendr ir	1	repaiss ir	1	surfleur ir	1	pourv oir	2
ravill ir	1	répart ir	1	surg ir	1	p ouvoir	10
rav ir	1	repart ir	3	surn ourrir	8	préconc evoir	1
réag ir	1	se repent ir	3	surv enir	5	préva loir	4
ré acqu érir	6	repétr ir	1	survêt ir	3	prév oir	2
réasserv ir	1	replan ir	1	se tap ir	1	prom ouvoir	3
rebât ir	1	repol ir	1	tar ir	1	rass oir	5
rebaud ir	1	requ érir	6	t enir	5	rav oir	15
rebén ir	1	rescamp ir	1	tern ir	1	rec evoir	1
reblanch ir	1	resplend ir	1	tiéd ir	1	rech oir	15
rebond ir	1	ressais ir	1	trah ir	1	red evoir	1
rebouill ir	3	ressent ir	3	trans ir	1	repl euvoir	12

res avoir	7	contred ire	4	emb oire	21	joi ndre	6
reva loir	4	contref aire	9	ém ettre	8	l ire	5
rev oir	2	convain cre	12	émou dre	13	lui re	2
rev ouloir	6	correspond re	1	emprei ndre	6	malf aire	9
s avoir	7	corromp re	1	encei ndre	6	maud ire	4
soul oir	15	cou dre	14	enclo re	23	méconn aître	7
s eoir	14	crai ndre	6	endui re	2	mécr oire	10
surs eoir	9	cr oire	10	enfrei ndre	6	méd ire	4
va loir	4	cr oître	7	enjoi ndre	6	méf aire	9
v. oir	2	cui re	2	s'ensui vre	19	se mépr endre	11
v. ouloir	6	débatt re	1	entend re	1	m ettre	8
		décei ndre	6	s'entre-batt re	1	mévend re	1
4e CONJUGAISON.		décirconc ire	4	s'entreconn aître	7	mord re	1
		déclo re	23	s'entre-déf aire	9	se morfond re	1
abatt re	1	déconf ire	4	s'entre-détrui re	2	mou dre	13
abso. udre	22	déconstrui re	2	s'entre-d ire	4	n aître	17
abstr aire	10	décou dre	14	s'entre-entendre	1	nui re	2
accr oire	10	décri re	3	s'entre-lui re	2	occ ire	4
accr oître	7	décr oire	10	s'entre-m ettre	8	oi ndre	6
adjoi ndre	6	décr oître	7	s'entre-mord re	1	om ettre	8
adm ettre	8	décui re	2	s'entre-nui re	2	p aître	7
appar aître	7	déd ire	4	s'entre-prendre	11	par aître	7
append re	1	dédui re	2	s'entre-perd re	1	parf aire	9
appr endre	11	déf aire	9	s'entre-répandre	1	parfond re	1
astrei ndre	6	défend re	1	s'entre-répondre	1	pei ndre	6
attei ndre	6	déjoi ndre	6	s'entre-sui vre	19	pend re	1
attend re	1	dém ettre	8	épand re	1	perd re	1
attr aire	10	démord re	1	éprei ndre	6	perm ettre	8
avei ndre	6	démou dre	13	s'épr endre	11	plai ndre	6
batt re	1	dépei ndre	6	étei ndre	6	pl aire	18
b oire	21	dépend re	1	étend re	1	poi ndre	6
br aire	10	dépl aire	18	être		pond re	1
brui re	26	dépr endre	11	étei ndre	6	pourfend re	1
cei ndre	6	dérompre	1	étrei ndre	6	poursui vre	19
circonc ire	4	desappr endre	11	excl ure	20	préconn aître	7
circonscri re	3	descend re	1	extr aire	10	préd ire	4
clo re	23	détei ndre	6	f aire	9	prél ire	5
combatt re	1	détend re	1	fei ndre	6	pr endre	11
comm ettre	8	détord re	1	fend re	1	prescri re	3
compar aître	7	détrui re	2	fond re	1	prétend re	1
compl aire	18	d ire	4	forclo re	26	produi re	2
se complai ndre	6	disjoi ndre	6	forf aire	9	prom ettre	8
compr endre	11	dispar aître	7	forp aître	7	proscri re	3
comprom ettre	8	disso udre	22	fri re	25	rabatt re	1
concl ure	20	distend re	1	gei ndre	6	r aire	10
condescend re	1	distr aire	10	s'imb oire	21	rappr endre	11
condui re	2	dui re	2	indui re	2	rattei ndre	6
conf ire	4	s'ébatt re	1	infond re	1	réadm ettre	8
confond re	1	éclo re	24	inscri re	3	rebatt re	1
conjoi ndre	6	écondui re	2	instrui re	2	reb oire	21
conn aître	7	écr ire	3	interd ire	4	recl ure	20
construi re	2	él ire	5	interromp re	1	recondui re	2
contrai ndre	6	embatt re	26	introdui re	2	reconn aître	7

reconstrui re 2
recou dre 14
récri re 3
recr oître 7
recui re 2
redébatt re 1
redél aire 7
redescend re 1
red ire 4
redisso udre 22
réduire 2
réél ire 5
ref aire 9
refend re 1
refond re 1
refri re 25
réinstrui re 2
rejoi ndre 6
rel ire 5
relui re 2
rem ettre 8
remord re 1
remou dre 13
rémou dre 13
ren aître 17
rend re 1
rendui re 2
rentr aire 10
rep aître 7
répand re 1
repar aître 7
repei ndre 5
répend re 1
reperd re 1
répond re 1
repond re 1
repr endre 11
reprodui re 2
reprom ettre 8
réso udre 22
restrei ndre 6
retei ndre 6
retend re 1
retond re 1
retord re 1
retrai ndre 6
retr aire 10
retrei ndre 6
revend re 1
rev ivre 15
R ire 16
Romp re 1
satisf aire 9
sédui re 2
soud re 26
soum ettre 8
sourd re 26
sour ire 16
souscr ire 3
sous-entend re 1
sous-introdui re 2
soustr aire 10
suff ire 4
sui vre 19
surcr oître 7
surf aire 9
surn aître 17
surpr endre 11
surtend re 1
survend re 1
surv ivre 15
suspend re 1
t aire 18
tei ndre 6
tend re 1
tist re 26
tond re 1
tord re 1
tradui re 2
tr aire 10
transcri re 3
transm ettre 8
transpar aître 7
vain cre 12
vend re 1
v ivre 15

1re CONJUGAISON.

abaiss er
abalién er
abandonn er
abcéd er 4
.abdiqu er
abéqu er, ou *abecqu er*
.abhorr er
abîm er
.abjur er
ablu er
.abomin er
.abond er
.abonn er
.abord er
.aborn er
.abouch er
abouqu er
about er
.aboyer 2
.abrég er 4-8
.abreuv er
abrey er
.abrit er
.abrog er
s'absent er
.absorb er
absterg er
.abus er
abut er
abym er
académisi er
.acagnard er
.accabl er
.accapar er
accastill er
.accéd er 4-8
.accélér er 4-8
acens er, ou *accens er*
.accentu er 7
.accept er
acclam er
acclamp er
acclimat er
.accol er
.accommod er
.accompagn er
.accord er
accor er
.accost er
accot er, ou *accott er*
.accouch er
.s'accoud er
accou er
.accoupl er
accousin er
accoutr er
accoutum er
accouv er
accrédit er
.accroch er
.accul er
.accumul er
.accus er
acens er
acer er
.achaland er
.acharn er
.achemin er
.achet er 3-8
.achev er 3-8
acidifi er
acidul er
aciér er 4-8
aclamp er
.acoquin er
acqu er
acquêt er
.acquiesc er
.acquitt er
.actionn er
.activ er
actualis er
acupunctur er
.adapt er
.additionn er
.adhér er 4-8
adir er
adjectiv er
adjug er
.adjur er
.administr er
.admir er
admodi er
.admonét er 4-8
adonis er
s'adonn er
.adopt er

.ador er
.adoss er
adoub er
.adress er
adul er
adultér er 4-8
adverbifi er
.aér er 4-8
.affaiss er
affaît er
affal er
affam er
affan er
afféag er
.affect er
.affectionn er
affér er
afferm er
affeur er
.affich er
.affil er
affili er
.affin er
.affirm er
affistol er
affleur er
.afflig er
.afflu er 7
.aflut er
affol er
affourch er
affourrag er
.affrét er 4-8
.affriand er
.affrich er
.affront er
.affubl er
.agac er
s'agatifi er
s'agatis er
agenc er
.agenouill er
agglomér er 4-8
.agglutin er
.aggrav er
.agiot er
.agit er
aglutin er
.agnel er 3-8
.agonis er
.agraf er
.agré er
.agrég er 4-8
.agrén er
s'agriff er
.agripp er
aguign er
ahal er
.ahan er
.s'aheurt er
aich er
.aid er
.aigay er, ou *aiguay er* 2
aiguill er
aiguillet er 6
aiguillonn er
aiguis er
.aimant er
.aim er
.air er
airi er
ajourn er
.ajout er
.ajust er
alais er, ou *alés er*
.alambiqu er
alargu er
.alarm er
alcalis er
alcoolis er
alés er
.allevin er
alién er 4-8
.align er
.aliment er
.alit er
.allait er
allay er
.s'alléch er 4-8
.allég er 4-8
.allégoris er
.allégu er 4-8
.all er
allés er
.alli er
.allong er
.allou er 7
.allum er
aloy er 2
.altér er 4-8
.altern er
.alun er
amabilis er
.amadou er 7
.amalgam er
.amarin er
.amarr er
.amass er
amatelot er
amatin er
.ambitionn er
.ambl er
.ambr er
.amélior er
.aménag er
.amend er
.amen er 3
.amenis er
amestr er
ameulonn er
.ameut er
.amignard er
amnisti er
.amodi er
amoit er
.amoncel er 5
.amorc er
.amourach er
ampastell er
ampli er
.amplifi er
.amput er
amunitionn er
amur er
amus er
amydonn er
.anagrammatis er
analys er
anarchis er
s'anastomos er
.anathématis er
anatomis er
anch er
.ancr er
anfardel er
angari er
angélis er
anis er
.annex er
angois er
anhél er
anient er
annel er 5
s'animalis er
.anim er
.annihil er
.annonc er
.annot er
.annuler 5
.annon er
.anticip er
.antidat er
antiphras er
antiqu er
antois er
anu er
.s'anuit er
août er
.apais er
.apanag er
apathis er
aperch er
.apetiss er
apiqu er
apitoy er 2
aplaign er
aplan er
.apostasi er
.apost er
.apostill er
apostolis er
.apostroph er
.appareill er
apparent er
.apparaiss er
.appari er
apparon er
.appâter
.appel er 5
appét er 4-8
appiéc er
appil er
.appliqu er
.appoint er
.apport er
.appos er
.appréci er
.appréhend er
.apprêt er
apprivois er
.approch er
.appropri er
.approuv er
.approvisionn er
.appuy er 2
.apur er
arabis er
aramb er
.aram er
aras er
arbalét er

.arbrit er
.arbor er
arc-bout er
arçonn er
.arén er 8-4
.argent er
.argot er
.argu er
argü er
.argument er
arim er
aristocratis er
arméger
.arm er
armori er
aromatis er
arpég er 4-8
.arpent er
arqu er
.arrach er
.arraisonn er
arrang er
.arras er
.arrérag er
.arrêt er
.arrh er
.arriér er 4-8
.arrim er
s'arriol er
arriss er
.arriv er
.s'arrog er
.arros er
.articul er
artissonn er
ascertain er
.asperg er
.asphyxi er
.aspir er
.assaisonn er
.assassin er
asséch er
.assembl er
.assén er 4-8
.asserment er
.assiég er 4-8
.assign er
.assimil er
.assist er
.associ er
assol er
.assomm er
assott er

assum er
.assur er
asticot er
astiqu er
atermoy er 2
s'atêt er
.s'attabl er
.attach er
.attaqu er
attard er
.attel er 5
.attent er
.atténu er 7
.atterr er 4-8
.attest er
.attif er
attint er
.attir er
.attis er
.attitr er
attouch er
attractionn er
.attrap er
attraqu er
.attribu er 7
.attrist er
.attroup er
aug er
.augment er
.augur er
.aumôn er
.aun er
auscult er
autographi er
.autoris er
.aval er
.avanc er
.avantag er
.aventur er
.avér er 4-8
aveu er, ou *avu er*
.aveugl er
.avillonn er
.avin er
.avironn er
.avis er
.avitaill er
aviv er
.avocass er
.avoisin er
.avort er
.avou er 7
avoy er

avust er
.azur er

babill er
.babouin er
bacchanalis er
bach er
.bacl er
.badaud er
.badigeonn er
.badin er
.bafou er 7
.bâfr er
.baguenaud er
bagu er
.baign er
.bâill er
baill er
.bâillonn er
.bais er
.baisott er, ou *bai-*
sot er 6
.baiss er
.balafr er
.balanç er
.balay er 2
.balbuti er
balis er
.balivern er
ballonn er
.ballott er, ou *bal-*
loter
.band er
banderonn er
.bann er
.banquet er 6
.baptis er
baquet er 6
.baragouin er
.baraqu er
baratt er
barbey er 2
.barbifi er
barbillonn er
.barbot er
.barbouill er
.bard er
baret er
barguin er
bariol er
.barr er
.barricad er
barron er

barrot er
.bas er
bass er
.bassin er
.bast er
.bastingu er
bastionn er
.bataill er
.batel er 5
.bât er
.batifol er
.bâtonn er
batourn er
bavard er
bavass er
.bav er
bavoch er
.bay er 2
.béatifi er
.bêch er 4-8
béchot er
becquet er, ou *bé-*
quet er 6
.bégay er 2
béguet er
.bêl er
.bélin er
belott er
bémolis er
bénéfici er
béquill er
.berc er
.bern er
.besogn er
beugl er
.beurr er
beuvaill er
beuvot er
biais er
bichonn er
.biff er
.se bifurqu er
.bigarr er
bigorn er
.billard er
bill er
billet er
.billonn er
.bin er
.biquet er
biser
bisqu er
.bistourn er

bistr er
bitt er
bitumin er
bituminis er
bivouaqu er, ou *bivaqu er*
blagu er
.blâm er
.blaser
.blasonn er
.blasphém er 8-4
blâtr er
blés er
.bless er
blind er
bloqu er
blous er
.blut er
.bobin er
bocard er
boëss er
bois er
.boit er
.bombard er
.bomb er
bombyl er
bond er
.bondonn er
.bonnifi er
.bonnet er 6
borday er 2
.bord er
bordoy er
bornag er
.born er
bornoy er 2
.bossel er 5
boss er
.bossu er 7
botanis er
bottel er 5
.bott er
bouard er
bouboul er
.boucan er
.bouch er
.boucl er
.bouchonn er
.boud er
bouet er
.bouff er
.bouffonn er
.boug er
bougonn er
bouill er
.bouillonn er
boujonn er
boulang er
boul er
.boulevers er
boulin er
boulann er
.bouquin er
bourc er
bourd er
.bourdonn er
.bourgeonn er
bourlingu er
.bourrel er 3
.bourr er
.boursill er
.boursoufl er
.bouscul er
bousill er
bousqu er
bouteill er
bout er
.boutonn er
boutur er
box er
brach er
brachi er
.braconn er
bragu er
.braill er
brais er
.bram er
branch er
.brandill er
brandonn er
branl er
.braqu er
.bras er
brasill er
brasqu er
brasséi er
.brass er
,brav er
.bray er 2
.bredouill er
bréh er
brésill er
.bretaill er
bretaud er
brett er, ou *bret-tel er*
breuill er
brevet er 6
.bricol er
.brid er
bri er
brifaud er
.brigand er
.brigu er
.brillant er
.brill er
brillott er
.brimbal er
brimbot er
.briquet er 6
.bris er
.brocant er
.brocard er
.broch er
brochet er
brod er
.bronch er
.bronz er
broqu er
.bross er
.brouett er
brouillass er
.brouill er
brouillonn er
brouss er
.brout er
.broy er 2
.bruin er
bruisin er
.brûl er
.brusqu er
brutalis er
buccin er
.bûch er
bu er
buffet er 6
buissonn er
.burin er
busqu er
.but er
.butin er
.buvott er
.cabal er
.caban er
cabar er
cabaret er
cabass er
câbl er
.cabot er
cabotin er
.cabr er
.cabriol er
cacard er
caccad er
.cach er
.cachet er 6
cadastr er
.cadenass er
.cadenc er
cadett er
.cadr er
cafard er
.cagnard er
.cahot er
caillebott er
.caill er
caillet er
.cajol er
calandr er
.calcin er
.calcul er
.cal er
.calfat er
.calfeutr er
calibr er
.calin er
.calm er
.calomni er
calott er
.calqu er
.cambr er
camelot er
.camp er
camphr er
canalis er
.canard er
.cancann er
.cancell er
can er
.cannel er 5
.cann er
canonis er
.canonn er
canquet er 6
.cantonn er
.caparaçonn er
capé er
capel er
,capitalis er
.capitul er
caponn er
capos er

capot er
.capt er
.captiv er
captur er
caqu er
.caquet er 6
.caracol er
caracoul er
caractéris er
carambol er
carmélis er
carang er
carbonis er
carcaill er
.card er
.carén er 4-8
.caress er
.cargu er
caricatur er
.cari er
.carillonn er
carnel er
carn er
se carnifi er
.carott er
.carrel er 5
.carr er
carrég er 4-8
cartag er
.cartay er
se cartilaginifi er
cartonn er
.cas er
.casern er
.cass er
casuistiqu er
se caract er
catéchis er
catégoris er
.caus er
caus er
cautéris er
.cautionn er
.cav er
.céd er 4-8
ceintr er
.célébr er 4-8
.cél er 4-8
cément er
cendr er
.censur er
centonis er
centralis er
centr er
.centupl er
.cercl er
.cern er
.certifi er
.cess er
châbl er
chagrin er
.chamaill er
.chamarr er
.chambr er
chamois er
champart er
champ er
champl er
champ-lev er
.chancel er 5
chanfrein er
chanfr er
.chang er
.chansonn er
.chant er
chantonn er
.chantourn er
chapel er 5
.chaperonn er
.chapitr er
.chaponn er
chapot er
.charbonn er
.charbouill er
charcut er
.chardonn er
.charg er
charivaris er
.charlatan er
.charm er
.charpent er
.charri er
.charroy er 2
.chass er
châti er
.chatouill er
chatoy er 2
.châtr er
chatt er
chaud er
chaudi er
.chauff er
chaul er
.chaum er
.chauss er
chavir er
.chemin er
chenal er
chénevott er
.cherch er
cheval er
.chevauch er
.chev er
.chevill er
chevronn er
.chevrot er
.chican er
.chienn er
.chiffonn er
.chiffr er
chin er
.chip er
.chipot er
chiqu er
chiquet er
.chôm er
.chopin er
.chopp er
.choqu er
chouan er
.choy er 2
christianis er
.chroniqu er
se chrysalid er
chuchet er
.chuchot er
chuint er
chût er
se chylifi er
se chynifi er
.cicatris er
cill er
.ciment er
.cingl er
.cintr er
.circonstanci er
.circul er
.cir er
cisaill er
.cisel er 5
.cit er
.citronn er
.civilis er
.clabaud er
clam er
clap er
clapot er
.claquemur er
.claqu er
claquet er
.clarifi er
class er
classifi er
clich er
clign er
.clignot er
cliquet er 6
clist er
cliv er
.cloch er
cloisonn er
cloîtr er
clopp er
.clopin er
closs er
clôtur er
clou er 7
.clout er
clus er
clystéris er
.coagul er
se coalis er
coaill er
coalis er
coalitionn er
.coass er
.coch er
.cochonn er
coexist er
.coffr er
.cogn er
.cohabit er
cohérit er
cohob er
.coiff er
coïncid er
coins er
coïonn er
se colér er
colaud er
collationn er
.coll er
collet er 6
collig er
.collogu er
collud er
colonis er
.color er
.colori er
.colport er
.combin er
.combl er

combug er
commandass er
.command er
commémor er
.commenc er
comment er
commerc er
commér er 4-8
.commin er
commisionn er
.commu er 7
.communi er
.communiqu er
,compar er
.compass er
se compassionn er
.compens er
.compil er
complant er
complét er 4-8
complexionn er
compliment er
.compliqu er
.complot er
.comport er
.compos er
.comprim er
.compt er
.compuls er
.concass er
.concéd er 4-8
concélébr er
.concentr er
.concern er
.concert er
concili er
concord er
concré er
concréfi er
.condamn er
condens er
.conditionn er
confectionn er
se confédér er 4-8
confér er 4-8
,confess er
.confi er
configur er
.confin er
.confirm er
.confisqu er
conflu er
.conform er

.confort er
.confont er
confut er
.congédi er
congel er 3
conglommérer 4-8
.conglutin er
.congratul er
.congré er
.conjectur er
.conjugu er
.conject er
connext er
.conniv er
.consacr er
.conseill er
.conserv er
.considér er 4-8
.consign er
.consist er
.consol er
.consolid er
.consomm er
.conspir er
.constat er
.constern er
.constip er
.constitu er 7
.consult er
.consum er
.contempl er
.content er
.cont er
.contest er
.continu er 7
.contourn er
.contract er
.contrari er
.contrast er
.contre-balanc er
.contre-bout er
contre-brass er
contre-calqu er
.contre-carr er
.contre-dat er
contre-dégag er
contre-écartel er 3
contre-émaill er
contre épreuv er
contre-escarp er
contre-forg er
centre-fras er
.contre-gag er

contre-bach er
contre-indiqu er
contre-jaug er
.contre-latt er
contre-maill er
.contre-mand er
contre-marquer
.contre-min er
contre-mûr er
contre-perc er
contre-pes er 3
contre-pleig er
contre - poinçonn er
.contre-point er
contre-port er
contre-pos er
contre-profil er
contre-projet er
contre - révolutionn er
contre-scell er
contre-sempl er
.contre sign er
contre-somm er
contre-taill er
contre-tir er
contre-vent er
.contribu er 7
.contrist er
.contrôl er
.controuv er
.contumac er
contusionn er
.converg er
.convers er
.convi er
.convoit er
,convot er
.convoqu er
.convoy er 2
se convuls er
convulsionn er
.coopér er 4-8
coopt er
.coordonn er
copartag er
copermut er
.copi er
.coquelin er
.coqueriqu er
.coquet er 6
.coquill er

.coquin er
coraill er
.cordel er 5
.cord er
cordonn er
cornaill er
.corn er
corporifi er
.corrig er
.corrobor er
corrod er
.corroy er 2
.coss er
.costum er
.cot er
.cotis er
se cotonn er
cotonnis er
.côtoy er 2
.couch er
coucou er, ou *coucoûl er*
.coud er
.coudoy er 2
coudrann er
coudr er
.coul er
coûl er
coupel er 5, ou *coupell er*
.coup er
.coupl er
.couplet er 4-8
couraill er
courav er
courbatur er
.courb er
courbett er, ou *courbét er*
.couronn er
.courrouc er
courroy er
courtaud er
court er
.courtis er
court-manch er
.coussin er
.coût er
coût er
coût er
couv er
couv er
.crach er

.crachot er
craill er
cramin er
.cramponn er
crapul er
.craqu er
craquet er 6
crass er
.craticul er
cravat er
.crayonn er
créanc er
crédit er
.cré er
.crém er
.crènel er 5, ou *crénel er* 5
crén er 3
crêp er
crépit er
crêtel er 5
creus er
.crevass er
.crev er 3
crev er
.criaill er
.cribl er
.cri er
criminalis er
crisp er
criss er
critiqu er
.croass er
croch er
.crochet er 6
croill er, ou *crô-l er*
crois er
crois er
crôl er
.croqu er
.croqu er
.cross er
crott er
.croul er
croupiad er
.croustill er
se croût er
crach er
.crucifi er
cristallis er
cub er
cuirass er

.cuisin er
cuivr er
.culbut er
cul er
.culmin er
culott er
.cultiv er
.cumul er
cunet er
.cur er
cuvel er 5
cuv er
cuv er
.cylindr er
.dagu er
.daign er
dall er
.damasquin er
.damass er
.dam er
.damn er
.dandin er
.dans er
.dard er
dardill er
dardill er
.dat er
.daub er
.débâch er
débâcl er
.débacl er
.débadin er
déball er
.déband er
.débanqu er
débaptis er
débarbaris er
.débarbouill er
.débard er
.débarqu er
.débarrass er
.débarr er
.débatt er
.débauch er
débell er
.débilit er
débillard er
débill er
débin er
.débit er
débitt er
déblatér er 4-8
.déblay er 2

débloqu er
déboît er
.déboud er
déboudonn er
.débord er
déboss er
.débott er
.débouch er
.déboucl er
.débouqu er
débourb er
débourgeois er
.débourr er
débours er
.débout er
.déboutonn er
.débraill er
débrais er
débray er
.débredouill er
.débrid er
.débrouill er
.débrûl er
débrutalis er
.débûch er
.début er
.débusqu er
décachet er 6
décag er
.décaiss er
décalott er
décalqu er
.décamp er
décanis er
décanonis er
.décant er
décapel er
.décap er
.décapit er
décaptiv er
.décarrel er 5
décarv er
.décav er
.décéd er 4-8
décel er 3-8
décentralis er
décercl er
.décern er
décess er
.déchagrin er
.déchaîn er
déchâlass er
.déchant er

.déchaperonn er
décharg er
.décharn er
déchass er
.déchaum er
.déchauss er
.déchevel er 5
déchevêtr er
.déchiffr er
.déchiquet er 6
.déchir er
.déchou er 7
.décid er
.décim er
.décintr er
décip er
décir er
.déclam er
.déclar er
déclass er
déclav er
déclench er
déclimat er
.déclin er
déclin er
décliquet er
décloîtr er
déclou er
.décoch er
.décoiff er
.décoll er
.décollet er 6
.décolor er
.décombr er
décommand er
.décompos er
décomposter
.décompt er
.déconcert er
.déconfort er
déconseill er
déconsidér er 4-8
.décontenanc er
.décord er
.décor er
décorn er
décortiqu er
.découch er
.découl er
.découp er
.découpl er
.décourag er
décourb er

découronn er
.décrass er
décrédit er
décrépit er
.décrét er 4-8
décreus er
.décri er
.décroch er
décrois er
.décrott er
décroût er
décru er
décupell er 5
.décupl er
décuv er
.dédaign er
dédall er
.dédam er
dédicac er
.dédi er
dédol er
.dédommag er
.dédor er
dédoss er
.dédoubl er
.se défâch er
.défalqu er
se défauss er
défavoris er
défectionn er
déféqu er 4-8
.défér er 4-8
.déferl er
déferr er
défeuill er
.défic el er 5
défi er
.défigur er
.défil er
.déflegm er, ou *dé-phlegm er*
.déflor er
déflu er
défonc er
.déform er
défortifi er
défouett er
défoul er
.défourn er
défourr er
défrancis er
.défray er 2
.défrich er

.défris er
.défronc er
.défroqu er
défruit er
.défun er
.dégag er
.dégain er
.dégant er
dégel er 3
.dégénér er 8-4
déglu er
.dégobill er
dégois er
dégomm er
dégond er
dégonfl er
.dégorg er
.dégoût er
.dégoutt er
.dégrad er
.dégraf er
.dégraiss er
.dégrappin er
dégravel er 5
dégravoy er 2
degré er
dégrev er 4-8
.dégringol er
dégris er
.dégross er
déguenill er
.déguignonn er
.déguis er
dégust er
déhâl er
.déhanch er
.déharnach er
.déifi er
.se déjet er 6
.déjeun er
déjou er
déjuch er
.délabr er
.délac er
.délaiss er
délait er
.délard er
.délass er
délatt er
.délav er
.délay er 2
.délect er
.délégu er 8-4

délest er
déleur rer
.délibér er 4-8
délicat er
se délicot er
.déli er
délimit er
.délingu er
.délir er
déliss er
délit er
délivr er
.délog er
délustr er
délut er
démâcl er
démaçonn er
démaill er
démaillott er
.démanch er
.demand er
.démang er
.démantel er 5
démantibul er
.démarg er
.démari er
.démarqu er
démarquis er
.démarr er
.démasqu er
.démastiqu er
.démât er
dématérialis er
.démêl er
.démembr er
.déménag er
.se démen er 3
démerg er
.démérit er
.démeubl er
.demeur er
démiell er
démitr er
démocratis er
démonarchis er
démonétis er
.démont er
.démontr er
.démoralis er
démoul er
démeul er
.démur er
démusel er 5

dénasal er
dénationalis er
.dénatt er
dénaturalis er
.dénatur er
.déniais er
.dénich er
.déni er
.dénigr er
dénombr er
dénomm er
.dénonc er
.dénot er
.dénou er 7
.dénu er 7
.dentel er 5
.dépaquet er 6
déparag er
.dépareill er
.dépar er
.dépari er
.déparl er
départag er
.dépass er
dépâtiss er
.dépav er
dépays er
.dépec er 4-8
.dépêch er
dépédantis er
.dépens er
dépersuad er
.dépêtr er
.dépeupl er
déphlegm er
dépiéc er 4-8
dépil er
dépingl er
.dépiqu er
.dépist er
.dépit er
.déplac er
.déplant er
déplâtr er
.dépli er
dépliss er
.déplor er
.déploy er 2
.déplumer
dépoch er
dépoint er
dépopularis er
.déport er

.dépos er
.déposséd er 4-8
.dépost er
dépot er
.dépoudr er
.dépouill er
.déprav er
.dépréci er
dépréd er 4-8
.dépress er
dépréoccup er
.déprim er
.dépri er
.dépris er
déprovincialis er
dépucel er 5
.dépur er
.déput er
.déracin er
dérad er
déraisonn er
déralingu er
.dérang er
dérap er
.dérat er
déray er 2
.dérégl er 4-8
.dérid er
.dériv er
dérob er
.déroch er
.dérog er
.dérouill er
.déroul er
.dérout er
.désabus er
.désaccord er
désaccoupl er
.désaccoutum er
désachaland er
désaffectionn er
.désaffleur er
désaffourch er
désagenc er
.désagré er
désajust er
désalign er
se désalli er
désaltér er 4-8
désamarr er
désanch er
.désancr er
désappareill er

désappari er
.désappliqu er
.désappoint er
désappropri er
.désapprouv er
désarbor er
.désarçonn er
désargent er
.désarm er
désarrim er
désarticul er
désassaisonn er
.désassembl er
désassimil er
désassoci er
désassur er
désautoris er
désavantag er
.désaveugl er
.désavou er 7
descell er
deséchou er
.désemball er
désembarqu er
désembarrass er
2.désembourb er
désembourr er
désemmanch er
.désempar er
désempes er
.désempoisonn er
désempoissonn er
désemprisonn er
désenamour er
.désenchaîn er
désenchant er
.désenclou er 7
.désencombr er
désenfil er
.désenfl er
désenforest er
désengag er
.désengren er 3
.désenivr er
désenlac er
.désennuy er 2
.désenray er 2
.désenrhum er
désenrôl er
désenrou er
désenseign er
.désencorcel er 5
désentêt er

désentortill er
désentrav er
.désenvenim er
désenvergu er
déséquip er
désergot er
désert er
.désespér er 4-8
.désestim er
.déshabill er
déshabit er
.déshabitu er 7
désharmoni er
désarnach er
.déshérit er
désheur er
.déshonor er
déshumanis er
.désign er
désincorpor er
désinfatu er
.désinfect er
désinfluenc er
désinquiét er
désintéress er
désinvit er
.désir er
.se désist er
.désoblig er
désobstru er
désœuvr er
.désol er
.désopil er
.désordonn er
.désorganis er
.désorient er
désorn er
.désoss er
désoxyd er
désoxygén er 4
despotis er
.despum er
desquam er
.dessaign er
.dessaisonn er
.dessal er
.dessangl er
.dessèch er 4
.dessell er
.desserr er
.dessill er, ou *dé-*
cill er
.dessin er

dessol er
.dessoud er
dessoufr er
dessoul er
dessuint er
.destin er
.destitu er 7
désulfur er
désymphis er
.détach er
.détaill er
.détal er
.détalingu er
détap er
détass er
.détel er
détent er
.déterg er
.détérior er
.détermin er
.déterr er
.détest er
détêt er
.détir er
détis er
détiss er
déton er
.détonn er
détorqu er
.détortill er
détouch er
détoup er
détoupillonn er
.détourn er
.détrait er
détrang er
détranspos er
détraqu er
.détremp er
.détress er
détrich er
détripl er
détrit er
.détromp er
.détrôn er
.détrouss er
.dével er
.dévalis er
.devanc er
.dévast er
.développ er
dévent er
.se dévergond er

dévergu er
.déverrouill er
.dévers er
.dévid er
dévi er
.devin er
devir er
.dévisag er
.devis er
deviss er
.dévoil er
dévol er
.dévor er
.dévou er 7
.dévoy er 2
diaconis er
diagnostisqu er
.dialogu er
diatrib er
.dict er
diés er 4-8
.diffam er
.différenci er
différenti er
différ er 4-8
difflu er
.difform er
.digér er 8-4
dignifi er
.dign er
dilacér er 4-8
.dilapid er
.dilat er
dilay er 2
.diligent er
dilu er
.dîm er
diminu er 7
dîn er
.dirig er
disbrod er
discal er
discéd er
discept er
.discern er
.disciplin er
discontinu er 7
.discord er
.discrédit er
.disculp er
.discut er
disgraci er
disgrég er
.disloqu er
.dispens er
.dispers er
.dispos er
disproportionn er
disputaill er
.disput er
dissimin er
disséqu er 4
.dissert er
.dissimul er
.dissip er
dissou er
.dissuad er
.distill er
.distingu er
.distribu er 7
.divagu er
divariqu er
diverg er
.diversifi er
.divinis er
.divis er
divorc er
.divulgu er
.dodelin er
.dodin er
.dogmatis er
se dogu er
doigt er
se dolent er
dol er
domanialis er
.se domicili er
domifi er
.domin er
.dompt er
.donn er
.dor er
.dorlot er
.dos er
.dot er
.douan er
.doubl er
douch er
.dou er 7
.dout er
.drageonn er
dragu er
.drap er
dray er 2
drég er 4
.dress er
.drogu er
dross er
drouss er
druidis er
.dulcifi er
.dup er
.dupliqu er
.dur er
.durillonn er
.ébarb er
.ébauch er
.ébén er 8-4
ébisel er
.éborgn er
ébott er
.éboul er
ébourgeonn er
ébourr er
.ébousin er
.ébranch er
.ébranl er
ébras er
ébréch er 4
ébrén er 3-8
ébrou er
ébruit er
écach er
écaf er
.écaill er
écal er
écangu er
écarbouill er
écarquill er
.écartel er 3-8
.écart er
écarv er
.échafaud er
échalass er
.échancr er
.échang er
.échantillonn er
échanvr er
.échapp er
.échardonn er
.écharn er
.écharp er
écharpill er
écharset er 6
.échaud er
.échauff er
échel er
échelonn er
.échenill er
échevel er
.échin er
échopp er
.échou er 7
.écim er
.éclabouss er
.éclair er
éclanch er
.éclat er
.éclips er
écliss er
écobu er
écochel er
écollet er 6
.écomis er
.écorc er
.écorch er
écor er
écorn er
écornifl er
écoss er
écôt er
écouenn er
.écoul er
.écourt er
écout er
.écouvillonn er
écrang er
.écras er
.écrém er 4-8
.écrén er 4
écrêt er
.s'écri er
écrivaill er
écrot er
.écrou er 7
.s'écroul er
.écroût er
.écuiss er
écul er
.écum er
.écur er
.écussonn er
.édent er
.édifi er
.édit er
édulcor er
éduqu er
éfaufil er
.effac er
.effan er
.effar er
.effarouch er

.effectu er 7
.efféminer er
effeuill er
.effil er
effiloch er
effiloqu er
.efflanqu er
.effleur er
effiott er
.effondr er
.s'efforc er
.effray er 2
effrit er
effruit er
effum er
.égal er
égalis er
.égar er
égarrott er
.égay er 2
égland er
égog er
.égoïs er
.égorg er
.égosill er
égoutt er
égrain er
égren er 3
.égrapp er
.égratign er
égravillonn er
égris er
.égrug er
égueul er
éhoup er
éjamb er
éjarr er
élabour er
.élagu er
élais er
.élanc er
.électris er
électroponctur er
.élev er 3
.élid er
.élim er
élimin er
élingu er
élit er
éliz er
.éloign er
élong er
.élud er

.émaill er
.émancip er
.éman er
.émarg er
.embâillonn er
.emball er
embanqu er
s'embard er
embarill er
.embarqu er
.embarrass er
embarr er
embastill er
.embât er
.embâtonn er
.embauch er
.embaum er
embecqu er
.embéguin er
embenat er
.s'emberlucoqu er
.emblav er
embloqu er
embois er
emboît er
embordur er
emboss er
embauch er
.embouel er
emblou er
embouffet er
embouqu er
.embourb er
embourr er
.embours er
.embranch er
embraqu er
.embras er
.embrass er
embret er
embrév er
.embroch er
embruin er
embrunch er
s'embûch er
.embusqu er
.émerveill er
.émetis er
.émi er
.émiett er
.émigr er
.éminc er
.emmaganis er

.emmaillott er
.emmall er
.emmanch er
emmanequin er
s'emmarquis er
emmêl er
.emménag er
.emmen er 3
.emmenott er 6
emmétr er
emmeubl er
.emmiell er
.emmitoufl er
emmortais er
emmur er
.emmusel er 5
emmusqu er
.émoëll er
émolument er
.émond er
.émorfil er
émotionn er
émott er
.émouch er
.émouss er
émoustill er
.empaill er
.empanach er
empann er
.empaquet er 6
.s'empar er
empastel er 5
.empât er
.empatt er
.empaum er
.empêch er
s'empelot er
empennel er 5
.empenn er
.empes er 3
.empest er
.empêtr er
.empierr er
.empiét er 4
.empil er
.empir er
.emplac er
emplaign er
emplâtr er
.employ er 2
.emplum er
.empoch er
.empoign er

empoint er
.empoisonn er
.empoiss er
.empoissonn er
.emport er
empot er
empoup er
.s'empress er
.emprisonn er
.emprunt er
.émul er
.émulsionn er
énamourr er
énanch er
énarbr er
énarr er
.encadr er
.encag er
.encaiss er
.encanaill er
encantr er
encapel er
encap er
.encapuchonn er
encaqu er
encart er
.s'encastel er 5
encast er
encastill er
encastr er
.encav er
encens er
.enchaîn er
enchâl er
enchantel er 5
.enchant er
enchap er
.enchaperonn er
.encharn er
.enchâss er
enchatonn er
enchauss er
.enchevêtr er
.enchifren er 3
encir er
enclav er
.encliquet er
.encloîtr er
.enclou er 7
encoch er
encoffr er
encogn er
encoll er

.encombr er
.encomédionn er
encommenc er
encoqu er
.encorn er
encornet er 6
.encourag er
.encrass er
encr er
encrois er
encroiss er
.encroût er
.encuirass er
encuisin er
enculass er
encuv er
endens er
.endett er
.endêv er
endiabl er
.endimanch er
.endoctrin er
endolor er
.endommag er
.endoss er
endouair er
.endur er
énergis er
.énerv er
enfaît er
.enfant er
.enfarin er
.enferm er
.enferr er
s'enfeuill er
enficel er 5
enfiévr er
.enfil er
.enflamm er
.enfl er
enfoli er
.enfonc er
enform er
.enfourch er
enfour er
enfourn er
enfourr er
enfray er
.enfroqu er
.enfum er
enfutaill er
.engag er
.engrain er
engall er
engant er
engav er
engeanc er
engenc er
.engendr er
.englob er
.englu er 7
.engonc er
.engorg er
.s'engou er 7
.s'engouffr er
engoul er
.engraiss er
.engrang er
.engrav er
.engrêl er
.engren er 3
.engross er
s'engrumel er 5
enguenill er
enhaillonn er
.enharnach er
enherb er
énigmatis er
.enivr er
enjabl er
enjal er
enjalous er
.enjamb er
.enjavel er 5
.enjôl er
.enjoliv er
.enlac er
.enlèv er 3
enli er
enligr er
enliseronn er
.enlumin er
ennuy er 2
énoisel er 5
.énonc er
énou er
.s'enquêt er
.enracin er
.enrag er
.enray er 2
.enrégiment er
.enregistr er
enrên er
.enrhum er
enrhun er
.enrim er
.enrôl er
.enrou er 7
.enrouill er
enroul er
s'enruban er
.ensabl er
ensabot er
,ensach er
ensafran er
.ensaisin er
.ensanglant er
,enseign er
.ensemenc er
.ensevr er
.ensim er
.ensorcel er 5
.ensoufr er
ensoy er 2
ensuif er
.entabl er
.entach er
.entaill er
entalingu er
.entam er
entaqu er
.entass er
.ent er
.entérin er
.enterr er
.entêt er
.enthousiasm er
.entich er
entoil er
entois er
.entonn er
.entortill er
.entour er
entourn er
s'entr'accord er
s'entr'accus er
s'entr'admir er
s'entr'aid er
s'entr'aim er
.entraîn er
s'entr'appel er 5
.entrav er
entre-bâill er
s'entre-bais er
s'entre-chamailler
s'entre-cherch er
.s'entre-choqu er
s'entre-communi-
qu er
.entrecoup er
s'entre-crois er
s'entre-déchir er
s'entre-dévor er
s'entre-donn er
s'entr' embarras-
s er
s'entr'embrass er
s'entr'empêch er
s'entre-fâch er
s'entre-fouett er
s'entre-frapp er
s'entr'égorg er
s'entre-grond er
s'entre-heurt er
entre-hivern er
.entrelac er
.entrelard er
s'entre-lou er
s'entre-mang er
.entre-mêl er
s'entre-mesur er
s'entre-moqu er
s'entre-pardonner
s'entre-parl er
s'entre-perc er
s'entre - persécu-
t er
entrepos er
s'entre-pouss er
s'entre-querell er
.entr er
s'entre-regard er
s'entre-regrett er
s'entre-salu er
s'entre-taill er
s'entre-tu er
s'entre-visit er
s'entr'immoler
s'entr'oblig er
s'entr'us er
énuclé er
énumér er 4
enval er
enveliot er
.envelopp er
.envenim er
enverg er
envergu er
envers er
.envi er
.environn er
.envisag er

s'envoil er
s'envol er
.envoût er
.envoy er 2
épaill er
épampr er
.épanch er
épannel er
.épargn er
.éparpill er
.épat er
.épaul er
épêch er
.épel er 5
.éperonn er
épicaïs er
.épic er
.épi er
.épierr er
épigeonn er
épigrammatis er
.épil er
.épilogu er
épincet er
épingl er
épisodi er
épiss er
éplaign er
.épluch er
.époint er
épointill er
.épong er
épontill er
époudr er
épouill er
époumonn er
épous er
.épousset er 6
épouti er
.épouvant er
.éprouv er
.épuc er
.épuis er
.épur er
équerr er
équilibr er
.équip er
équipoll er
.équivoqu er
érafl er
.éraill er
érat er
.éreint er
.ergot er
.érig er
.err er
éruct er
.escadronn er
.escalad er
.escamot er
escamp er
escap er
escarbouill er
.escarmouch er
escarn er
.escarp er
escarpin er
esclav er
escobard er
escoch er
.escompt er
.escort er
escravent er
.escrim er
.escroqu er
.espac er
espad er
.espadonn er
espagnolis er
.espalm er
espar er
.espér er 4
.espionn er
.esquiss er
.esquiv er
.essaim er
essal er
essang er
essard er
.essart er
.essay er 2
ess er
s'esseul er
essim er
.essor er
essorill er
essouch er
.essouffler
essouriss er
essucqu er
.essuy er 2
estafilad er
.estamp er
.estampill er
est er
.estim er
estiv er
.estocad er
.s'estomaqu er
estomp er
.estramaçonn er
estrapass er
.estrap er
estriqu er
estrop er
.estropi er
établ er
.étag er
.étal er
.étalingu er
.étalonn er
.étam er
étamp er
.étanch er
.étançonn er
étarqu er
.étay er 2
étemp er
éternis er
.éternu er 7
.étêt er
éthérifi er
.étincel er 5
étiol er
étiquet er 3
étir er
.étoff er
.étoil er
.étonn er
.étouff er
.étoup er
étoupill er
étrang er
.étrangl er
étrap er
.étraqu er
.étrenn er
.étresillonn er
.étrill er
.étrip er
étriqu er
étronçonn er
.étudi er
.étuver
.étymologis er
.évacu er 7
.s'évad er
.évalu er 7
.évangélis er
évantill er
.évapor er
.évas er
.éveill er
.évent er
.s'éventill er
.éventr er
.s'évertu er 7
.évid er
.évinc er
.évit er
évolu er
.évoqu er
.exagér er 4
.exalt er
.examin er
exaspér er
.exauc er
excarn er
excav er
.excéd er 4
.excell er
.except er
.excip er
.excit er
.excommuni er
.excori er
excruci er
.excus er
.exécr er 4
.exécut er
.exempt er
.exerc er
s'exfoli er
.exfum er
.exhal er
.exhauss er
.exhéréd er 4
exhib er
.exhort er
.exhum er
.exig er
.exil er
exist er
exonér er
.exorcis er
s'exostos er
.s'expatri er
.expector er
.expédi er
.expériment er
expertis er
.expi er

.expir er
.expliqu er
.exploit er
explor er
expoli er
.export er
expos er
.exprim er
.expropri er
.expuls er
.expurg er
.exud er
.s'extasi er
.exténu er 7
.extermin er
extirp er
.extorqu er
extrad er
.extravagu er
s'extravas er
extrémis er
exulcér er 4
exult er
.fabriqu er
fac er
.facett er
.fâch er
.facilit er
.façonn er
.fagot er
.fainéant er
.faisand er
falqu er
.falsifi er
falun er
.familiaris er
.fanatis er
.fan er
faonn er
.farc er
.fard er
.farfouill er
farin er
fasc er
.fascin er
fasi er
.fatigu er
faubert er
.fauch er
faud er
.faufil er
.fauss er
.favoris er
féc er
.fécond er
fédéralis er
.fél er
.félicit er
féminis er
se fendill er
féri er
ferl er
.ferment er
.ferm er
.ferraill er
.ferr er
.fertilis er
.fess er
.festin er
festonn er
.festoy er 2
.fêt er
.feuill er
.feuillet er 6
feutr er
.flanc er
.ficel er 5
.fich er
fieff er
fient er
.fi er
.fig er
fignol er
.figur er
.fil er
filet er
.filout er
.filtr er
.financ er
.finass er
.fix er
.flagell er
.flageoll er
.flagorn er
.flair er
.flamb er
.flamboy er 2
flân er
.flanqu er
flaqu er
flâtr er
.flat er
fleurdelis er
.fleur er
flinqu er
.floflott er
flor er
flott er
flu er
se fluidifi er
.flût er
.foisonn er
.folâtr er
folloy er, ou *follay er*
.foment er
.fonc er
fonctionn er
.fond er
.fong er
.forcen er
.forc er
for er
.forg er
forget er 6
forlanc er
.forlign er
forlong er
se formalis er
.formen er
.form er
formu er
formul er
fornou er
forpass er
.fortifi er
fortitr er
se fossilis er
.fossoy er 2
.fouaill er
.foudroy er 2
.fouett er
foug er
.fouill er
.foul er
.fourb er
fourch er
.fourgonn er
.fourmill er
.fourrag er
fourr er
.se fourvoy er 2
.fracass er
fractionn er
.fractur er
.frais er
frambois er
.francis er
.frang er
.frapp er
fras er
.fraternis er
.fraud er
.fray er 2
.fredonn er
.frelat er
.fréquent er
.frét er 4-8
.frétill er
frett er
fricass er
fricot er
frictionn er
frigéfi er
frigott er
frill er
fringott er
fringul er, ou *fringulot er*
.frip er
.friponn er
.fris er
.frisott er
.frissonn er
.fritt er
.froiss er
frôl er
.fronc er
frond er
.frott er
.frou er
fructifi er
.frustr er
.fulmin er
.fum er
fumig er
fun er
.furet er 6
fus er
.fusill er
fust er
.fustig er
gabar er
gabaré er
gab er
gabel er 5
.gabionn er
.gâch er
.gaff er
.gag er
.gagn er
.galbanonn er

.galonn er
.galop er
.gambad er
.gambill er
gamin er
gan er
.se gangren er 4-8
.gant er
garanc er
.gard er
.gar er
gargaris er
gargot er
gargouill er
.garrott er
.gasconn er
.gaspill er
.gât er
gaud er
gaudronn er
.gaufr er
.gaul er
.se gauss er
gazéifi er
.gaz er
.gazonn er
.gazouill er
.gel er 8-3
.se gendarm er
.gên er
.généralis er
gênet er 6
genop er
gerb er
.gerc er
.gér er 8-4
.germ er
.gesticul er
.giboy er 2
.gigott er
gigu er
.gironn er
.gît er
.glac er
.glair er
glais er
.glan er
glén er 4
.gliss er
glomér er 4
.glorifi er
.glos er
glottor er
glouglout er, ou *glouglott er*
glouss er
glu er
goaill er
.gobelott er
.gob er
.se goberg er
gobet er 6
.godaill er
god er
.godronn er
.goguenard er
goinfr er
gomm er
.gonfl er
.gorg er
gosill er
goss er
gouaill er
goudill er, ou *godill er*
.goudronn er
goug er
gougrenn er
goujonn er
.goupillonn er
gourbill er
gourdin er
gour er
gourmad er
.gourmand er
.gourm er
.goût er
gouvern er
graci er
gracieus er
grad er
gradu er
grafign er
grag er
graill er
graillonn er
.graiss er
granul er
grapp er
grapill er
grappin er
grassey er 2
graticul er
.gratifi er
gratin er
gratit er
gratte-boëss er
grattel er
.gratt er
.grav er
.gravit er
grécanis er
.grécis er
grecqu er
gré er
.greff er
.grêl er
grêlonn er
.grelott er
grenaill er
grenel er 5
.gren er 3-8
grennet er
.grenouill er
.grésill er
grésillonn er
.grev er 3
.gribouil er
.griff er
.griffonn er
.grignot er
.grill er
grillott er
.grimac er
grimelin er
se grim er
grimp er
grinc er
grinch er
.gringott er
grippel er
.gripp er
grisaill er
gris er
grisoll er
.grisonn er
grivel er
.grogn er
groin er
.grommel er 5
gromm er
grondel er
.grond er
.grossoy er 2
grouill er
.group er
gru er
.grug er
gruin er
grull er
se grumel er 8
guéd er 4-8
gué er
guermant er
.guerroy er 2
guêtr er
.guett er
gueul er
.gueusaill er
gueus er
.guid er
.guidonn er
.guign er
guillemett er 6
.guill er
.guilloch er
guillotin er
.guind er
guip er
guirland er
guis er
habilit er
.habill er
.habit er
.habitu er 7
.hâbl er
.hach er
.halbren er
.halen er 3
.hal er
hâl er
.halet er 3
halt er
hameçonn er
hannetonn er
.hant er
.happ er
.harangu er
.harass er
.harcel er 8-3
.hard er
se hargn er
harmoni er
.harnach er
.se harpaill er
.harp er
.harponn er
.hasard er
.hât er
hauban er
.hauss er
.héberg er

.hébét er 4-8
hébrais er
hél er 4-8
herbeill er
.herb er
.herboris er
.hériss er
.hérissonn er
.hérit er
héroïfi er
.hers er
.hésit er
.heurt er
hi er
hiss er
histori er
historiograph er
.hivern er
,hoch er
.hogn er
hol er
holland er
hollandis er
holocaust er
.homicid er
.homologu er
.hongr er
.honor er
hospitalis er
houblonn er
.hou er 7
houp er
houpp er
houraill er
hourd er
housard er
,houspill er
houss er
houssin er
.huch er
hu er 7
.huil er
.hulul er
.humanis er
.humect er
.hum er
s'humid er
humidi er
.humili er
.hurl er
hurtebill er
.se hutt er
hyperbolis er
hypocris er
.hypothéqu er 4-8
idé er
.identifi er
.idolâtr er
.ignor er
.illumin er
illusionn er
.illustr er
.imagin er
.imbib er
.imit er
immartyrologis er
immatérialis er
.immatricul er
immerg er
.s'immisc er
immobilis er
.immol er
.immortalis er
.impatient er
.s'impatronis er
.impétr er 4
.implant er
.impliqu er
.implor er
.import er
import er
.importun er
impos er
.imprégn er 4
impressionn er
.imprim er
impropér er
.improuv er
improvis er
.impugn er
.imput er
.inaugur er
incamér er 4
incarcér er 4
.s'incarn er
incendi er
.incident er
incinér er 4
.incis er
.incit er
.inclin er
incomb er
.incommod er
.incorpor er
.incrimin er
.incrust er
inculp er
.inculqu er
.indemnis er
.indign er
.indiqu er
indisciplin er
indispos er
individualis er
individu er
.industri er
.inexécut er
infam er
.infatu er 7
.infect er
.infectu er
.inféod er 4
.infér er 4
infernalis er
infest er
.s'infiltr er
.infirm er
infix er
inflig er
influenc er
.influ er 7
.inform er
infortun er
infus er
.ingéni er
s'ingér er 8-4
inhil er
.inhum er
.initi er
.inject er
.injuri er
innocent er
innov er
.innocul er
.inond er
.inquiét er 4
.insér er 4-8
.insinu er 7
.insist er
.inspect er
.inspir er
.install er
instaur er
.instigu er
.instill er
.institu er 7
.instrument er
insufl er
.insult er
.insurg er
.intégr er 8-4
intellectualis er
intent er
.intentionn er
.intercal er
.intercéd er 4
.intercept er 4
.intéress er
interfoli er
.interject er 6
interlign er
interliné er
.interloqu er
intern er
.interpell er
interpol er
.interpos er
.interprét er 4
.interrog er
.intim er
.intimid er
.intitul er
.intolér er
.intrigu er
inutilis er
s'invagin er
invalid er
.invectiv er
.invent er
inventori er
.s'invétér er 4
.invit er
.invoqu er
irradi er
.irrit er
isol er
italianis er
.ivrogn er
jabl er
.jabot er
jacass er
jachér er 4
jacobinis er
.jalonn er
jalous er
jantill er
japonn er
.japp er
.jardin er
.jargonn er
jarret er 6
.jas er

.jasp er
jaspin er
.jaug er
javel er 5
.jet er 6
.jeûn er
jointoy er 2
.jonch er
jongl er
jouaill er
.jou er 7
journoy er
.joût er
.jubil er
.juch er
.judaïs er
.jug er
jugul er
juiv er
jumel er 5
.jur er
.justici er
.justifi er
se juxtapos er
labeur er
.labour er
.lac er
lacér er 4
.lâch er
lacouis er
lain er
.laiss er
.lambin er
.lambriss er
.lament er
.lamin er
.lamp er
lampionn er
.lanc er
se langour er
languey er 2
lant er, ou *lent er*
.lantern er
.lantiponn er
.lap er
.lapid er
lapidifi er
.lard er
lardonn er
larg er
largu er
.larmoy er 2
larronn er

.lass er
.latinis er
.latt er
.lav er
.lay er 2
.léch er 4
.légalis er
législat er
.légitim er
.légu er 8-4
.lénifi er
lent er
lés er 4
.lésin er
.lessiv er
.lest er
.leurr er
.lev er 3
lévig er
levraud er
levret er
lexigraphi er
lexicographi er
se lézard er
.liaisonn er
liard er
libell er
libéralis er
.libér er 4
.libertin er
.licenci er
.licit er
liég er 4
.li er
liern er
lign er
se lignifi er
.lign er
se limaçonn er
limand er
.lim er
.limit er
limonn er
limousin er
lipp er
.liquéfi er
liquid er
.lisér er 3
.liss er
lit er
lithographi er
.livr er
liz er, ou *éliz er*

localis e
.loch er
lof er
.log er
.logu er
lomboy er
long er
loquet er
.lorgn er
.louang er
louch er
.lou er 7
lour er
louv er
louvet er 6
.louvoy er 2
lov er
lubréfi er
.lustr er
.lutt er
.lutin er
.lutt er
.lux er
macadamis er
mac er, ou *masser*
.macér er 4
.mâch er
machiavélis er
.machin er
.mâchonn er
.mâchur er
macl er
.maçonn er
.macul er
madéfi er
maëstralis er
maganis er
magnétis er
maill er
maillet er
.maîtris er
malax er
.malmen er 3
.maltrait er
.malvers er
mandat er
.mand er
.mang er
.mani er
.manifest er
.maniganc er
manipul er
.manœuvr er

.manqu er
.manufactur er
manutentionn er
.maqu er
.maquignonn er
marand er
.maraud er
.marbr er
marchandaill er
.marchand er
.march er
marcot er
mar er
marest er
marg er
.margin er
.mari er
.marin er
marivaud er
marmitonn er
.marmott er
.marn er
maroquin er
marouñ er
.marqu er
.marquet er 6
marquis er
.marronn er
.martel er
martingal er
.martyralis er
masculinis er
.masqu er
.massacr er
.mass er
.mastiqu er
masturb er
.matelass er
.mat er
.mât er
matérialis er
.mâtin er
.matt er
.maugré er
mécanis er
méch er
se mécompt er
.mécontent er
.médecin er
médiatis er
.médicament er
.médionn er
.médit er

.médonn er
.se méfi er
méjug er
se mélancoli er
.mélang er
.mêl er
.menac er
.ménag er
.mendi er
.men er 3
.mentionn er
menuis er
méphitis er
.mépris er
.mérit er
merlin er
.mésalli er
.mésarriv er
mésédifi er
.mésestim er
mésinterprét er 4
.mesur er
mésus er
métagrebolis er
métallis er
.métamorphos er
.métaphysiqu er
.meubl er
.miaul er
.mignard er
.mignot er
mijot er
milit er
minaud er
.min er
minéralis er
.minut er
miraud er
.mir er
.mitig er
.mitonn er
.mitraill er
.mixtionn er
mobilis er
model er 3-5
.modér er 4
modern er
.modifi er
modul er
moir er
mois er
.moissonn er
mol er

.molest er
molett er
mollifi er
monarchis er
mond er
monétis er
monnay er 2
.monnoy er 2
monopol er
.monopolis er
.monseigneuris er
.mont er
.montr er
.se moqu er
moraill er
.moralis er
.morcel er 5
mordaill er
.mordill er
.morgu er
.morigén er 8-4
.mortifi er
mov er
.motionn er
motiv er
se mott er
mouchard er
.mouch er
.mouchet er 6
mouet er
moufl er
.mouill er
.moul er
moulin er
mouss er
moutonn er
mouv er
moyenn er
moy er
.mu er 7
.muguet er 6
mulot er
.multipli er
municipalis er
munitionn er
.mur er
.murmur er
musard er
musel er
.mus er
musiqu er
.musqu er
se muss er

mut er
.mutil er
.se mutin er
mystifi er
mythologis er
.nag er
naquet er
.nargu er
.narr er
nasal er
.nasill er
nasillonn er
nasonn er
nationalis er
.natt er
.naturalis er
naufrag er
.navigu er
.navr er
nécessit er
.néglig er
.négoci er
.neig er
nerv er
.nettoy er 2
neutralis er
neutris er
.niais er
.nich er
nieill er
ni er
nigaud er
nipp er
.nivel er 5
noc er
nolis er
.nombr er
nomenclatur er
.nomm er
nonupl er
nop er
nord-est er
nord-ouest er
notari er
.not er
.notifi er
.nou er 7
nouvellis er
.noy er 2
.nuanc er
.nu er 7
nullifi er
.numérot er

obér er 4
obin er
.object er
.objectiv er
.oblig er
oblitér er 4
obnubil er
obséd er 4
.observ er
.obstin er
obstru er
.obtempér er 4
.obvi er
.occasionn er
.occup er
octavi er
.octroy er 2
octupl er
.odor er
œilletonn er
.offens er
.offici er
.offusqu er
oisel er 5
olographi er
.ombrag er
ombr er
ombroy er
.ondoy er 2
ondul er
onér er
onqu er
opal er
.opér er 4
opiac er
.opil er
.opin er
.opiniâtr er
oppos er
.oppress er
.opprim er
opt er
ordonnanc er
ordonn er
.organis er
organsin er
s'orientalis er
.orient er
.orn er
.orpiment er
ors er
.orthographi er
.oscill er

.os er
ossifi er
.ôt er
ouat er
.oubli er
ouill er
.ourl er
outill er
.outrag er
.outrepass er
.outr er
.ouvrag er
.ouvr er
oval er
oxycrat er
oxyd er
oxygén er 4
.pacag er
.pacifi er
.pactis er
pagin er
paillonn er
paissel er 5
paissonn er
palanqu er
palet er 6
.palissad er
.paliss er
.palli er
palm er
palp er
.palpit er
.pâm er
.panach er
.se panad er
.pan er
panneaut er
pann er
pans er
pantagruélis er
panteil er 5
.pant er
pantin er
pantoufl er
.paperass er
.papillonn er
.papillot er
parachev er 3
paqu er
paquet er 6
parad er
paraisonn er
paralys er

parangonn er
.paraph er
.paraphras er
parcell er
parchass er
pardonn er
.par er
paress er
parfil er
.parfum er
.pari er
se parjur er
.parlement er
.parl er
.parodi er
.parqu er
.parquet er 6
.parsem er 8-3
.partag er
.se partialis er
.particip er
.particularis er
pasquinis er
passag er
passég er
.passement er
.pass er
.passionn er
patarass er
.pataug er
.patelin er
.patent er
pât er
.patient er
.patin er
pâtiss er
patrocin er
patron er
.patrouill er
pâtur er
paumoy er
paus er
.se pavan er
.pav er
pavillonn er
pavois er
.pay er 2
.pêch er
.péch er 4
.pédant er
.pédantis er
.peign er
.pein er

peintur er
.pel er 3-5
.pelot er
pelotonn er
peluch er
.pench er
.pendill er
pénétr er 4
.pens er
pensionn er
pétill er
pépi er
.perc er
.perch er
percut er
pérégrin er
pérennis er
perfectionn er
perfor er
.péricli t er
.périm er
périphras er
perl er
permut er
pernat er
péror er
perpétr er 4
.perpétu er 7
perpign er
perquisitionn er
perscrut er
.persécut er
.persévér er 4
.persifl er
.persist er
personnalis er
pérsonnifi er
.persuad er
pes er 3
.pest er
pestifér er 4
.pétard er
pét er 4
.pétill er
pétitionn er
.pétrifi er
.pétum er
.peupl er
philosophaill er
philosoph er
philosophis er
phlébotomis er
.phras er

.piaff er
.piaill er
.piaul er
.picor er
.picot er
piét er 4
.piétin er
piétonn er
.se piffr er
pigeonn er
pignoch er
.pil er
.pill er
pilonn er
.pilori er
.pilot er
.pinc er
pinçot er
.pindaris er
.pint er
.pioch er
pionn er
.pip er
pipi er
.piqu er
.pirat er
.pirouett er
.pis er
.piss er
.pissot er
.pivot er
.placard er
.plac er
plafonn er
.plaid er
.plaisant er
.plam er
.plamot er
planchéi er
planch er
plan er
planet er
.plant er
.plaqu er
plastronn er
.plâtr er
pleur er
pleurnich er
.pli er
pling er
pliss er
.plomb er
.plong er

ploqu er
.ploy er 2
.plum er
plumot er
pluralis er
plus er
.poch er
.pochet er 6
.poétis er
.poignard er
poinçonn er
.point er
.pointill er
.poiss er
poivr er
polaris er
.polic er
polissonn er
.politiqu er
polyamatyp er
polytyp er
.pommad er
.se pomel er 5
pomm er
pommét er
.pomp er
pomponn er
.ponc er
.ponctu er 7
pondér er 4
pong er
pontell er 5
.pont er
pontill er
se popin er
popularis er
poqu er
porphyris er
porqu er
.port er
.pos er
.posséd er 4
.post-dat er
.post er
.postul er
potoy er, ou *potéy er* 2
poudr er
.pouff er
.pouill er
pouli er
.poulin er
pourchass er
pourfil er
.pouss er
pralin er
.pratiqu er
préachet er 3-8
préambul er
précautionn er
.précéd er 4
.prêch er
.précipit er
.précis er
.préconis er
.prédécéd er
.prédestin er
prédétermin er
prédispos er
.prédomin er
.préexist er
.préfér er 4
.préjudici er
.préjug er
se prélass er
.prélégu er 8-4
prêl er
prélev er 3
.prélud er
.prémédit er
.préoccup er
.préopin er
préordonn er
prépar er
prépos er
.présag er
prescind er
.présent er
.préserv er
.présid er
.press er
.pressur er
présum er
.présuppos er
.prêt er
prétext er
.prévariqu er
.pri er
.prim er
.pris er
.priv er
.procéd er 4
.proclam er
.procré er
.procur er
.prodigu er
.profan er
.profér er 4
.profess er
.profil er
.profit er
.prohib er
.projet er 6
.prolong er
.promen er 3
promin er
promulgu er
.prôn er
.prononc er
.pronostiqu er
.propag er
.prophétis er
proportionn er
propos er
.prorog er
.prosaïs er
prosodi er
.prospér er 4
.se prostern er
.prostitu er 7
.protég er 4
.protest er
.prouv er
.provign er
.provoqu er
.psalmodi er
.publi er
puch er
pu er
puérilis er
.puis er
.pullul er
pulp er
.pulvéris er
pupul er
pur er
.purg er
.purifi er
.putréfi er
pyramid er
.quadrupl er
.qualifi er
quarderonn er
quat er
quémand er
.querell er
questionn er
.quêt er
queut er
.quill er
quintadin er
quint er
quintessenci er
.quintupl er
quioss er
quittanc er
.quitt er
quoaill er
.rebâch er
.rabaiss er
raban er
rabant er
rabiant er
rabl er
rabobelin er
rabord er
.rabot er
.rabrou er 7
.raccommod er
.raccord er
.raccoupl er
raccoutr er
.se raccoutum er
.raccroch er
rachaland er
rach er
.rachet er 3
rachev er 3-8
racin er
.râcl er
.racol er
.racont er
.se racquitt er
rad er
radi er
.radot er
.radoub er
se raffaiss er
raffeti er
raffil er
.raffin er
.raffol er
raffut er
.rafl er
raflou er
ragonn er
ragout er
.ragraf er
ragré er
se ragu er
raill er
rainc er

rain er
raisonn er
.rajust er
.râl er
ralingu er
se ralit er
.rall er
.ralli er
.rallong er
.rallum er
ramadou er 7
.ramag er
ramaill er
.ramass er
ramend er
.ramen er 3
.ram er
rameut er
.se ramifi er
.ramon er
.ramp er
rampon er
ranc er
rançonn er
.rang er
.ranim er
rapaiss er
rapari er
.rapatri er
.râp er
.rapetass er
.rapetiss er
.rapiéc er 4
.rapiécet er 6
.rapin er
rapiqu er
.rappareill er
rappari er
.rappel er 5
rappliqu er
.rapport er
rapprivois er
.rapproch er
.raréfi er
rarriv er
.ras er
.rassasi er
.rassembl er
.rassérén er 8-4
rassiég er 8-4
rassot er
.rassur er
se ratatin er

râtel er 5
.rat er
.ratifi er
ratin er
ratiocin er
.ratiss er
.rattach er
rattis er
.rattrap er
.ratur er
rauqu er
.ravag er
.raval er
.ravaud er
.ravigot er
.se ravis er
.ravitaill er
raviv er
.ray er
rayonn er
réadopt er
réaggrav er
.réajourn er
.réalis er
réappel er
réappos er
réappréci er
réarm er
réarpent er
réassembl er
réassign er
réassur er
réattel er 5
réattir er
rebaill er
rebais er
rebaiss er
.reband er
rebaptis er
rebard er
rebât er
.se rebell er
.se rebecqu er 4
reberc er
.rebiff er
.rebord er
rebott er
.rebouch er
rebourgeonn er
rebout er
reboutonn er
rebras er
rebrass er

rebrêch er
rebrid er
rebroch er
rebrod er
rebrouill er
.rebrouss er
.rebroy er 2
.rebut er
.recach er
.recachet er 6
.récalcitr er
recal er
.recam er
.récapitul er
.recard er
recarrel er 5
.recass er
recéd er
recél er 4
recens er
recép er 4
récept er
recercl er
réchafaud er
.rechang er
rechant er
réchapp er
.recharg er
rechass er
.réchauff er
rechauff er
.réchauss er
.recherch er
.rechign er
rechins er
.récidiv er
réciproqu er
.récit er
.réclam er
réclamp er
réclin er
reclou er
.recogn er
recoiff er
.récol er
.recoll er
.récolt er
.recommand er
recommenc er
.récompens er
récompos er
.récompt er
.réconcili er

.reconfess er
.réconfirm er
.réconfort er
réconfront er
reconsult er
recont er
recontinu er
.recontract er
reconvoqu er
recopi er
recoqu er
.recoquill er
.record er
.recorrig er
.recouch er
recoul er
recoup er
.recourb er
.recouvr er
recrach er
recréanc er
.recré er
recreus er
recribl er
.se récri er
récri er
récrimin er
.se recroquevill er
recrott er
récrou er
.recrut er
rectifi er
.recul er
.récupér er 4
.récur er
récus er
redans er
redéclar er
redédi er
redéjeun er
redélibér er 8-4
redélivr er
.redemand er
redemeur er
redépêch er
redessin er
redéval er
redévid er
rédict er
.rédig er
.se rédinc er
redistribu er
.redivis er

redompt er
.redond er
redonn er
.redor er
redod er
.redoubl er
.redout er
.redress er
redrug er
réédifi er
réengendr er
réexamin er
réexport er
.réexpos er
refâch er
refaçonn er
refauch er
réfectionn er
.référ er 4
.referm er
referr er
.refêt er
refeuill er
refeuillet er
refich er
se refig er
refix er
reflamb er
reflatt er
.reflét er 4
.reflu er 7
refond er
.reforg er
.réform er
reform er
refortifi er
refouett er
.refouill er
.refoul er
réfract er
.refrang er
refrapp er
refray er 2
.réfrén er 8-4
refris er
.se refrogn er
refrott er
.se réfugi er
.refus er
réfut er
.regagn er
.régal er
.regard er
regay er 2
regel er
.régénér er
.régent er
.regerm er
.regimb er
.registr er
réglement er
.régl er 4
.régn er 4
.regonfl er
.regorg er
regoul er
regoût er
.regraci er
regratt er
.regreff er
regrêl er
.regrett er
se regrign er
.reguind er
.régularis er
.réhabilit er
réhabitu er
rehach er
rehant er
rehasard er
.rehauss er
reheurt er
réimport er
réimpos er
.réimprim er
réincorpor er
réinfect er
réinstall er
.réintégr er 8-4
.réinterrog er
réinvit er
.réitér er 4
rejet er 6
rejetonn er
.rejointoy er 2
rejou er
.relâch er
relaiss er
.relanc er
.relat er
relatt er
rélav er
relax er
.relay er 2
reléch er
.relégu er 8-4
se rêl er
.relev er 3
.reli er
relim er
relingu er
relog er
relou er
.reluqu er
.relustr er
.remâch er
remaçonn er
remaill er
rémaill er
remand er
.remang er
remani er
.remarchand er
remarch er
.se remari er
.remarqu er
remastiqu er
remball er
.rembarqu er
.rembarr er
remblav er
.remblay er 2
.remboît er
remboug er
.rembourr er
rembours er
rembras er
rembrass er
rembroch er
se rembûch er
.remédi er
.remêl er
.remémor er
.remèn er 3
.remerci er
.remesur er
remeubl er
.remis er
remmaill er
remmaillott er
remmanch er
remmen er 3
remodel er 5
.remond er
.remont er
.remontr er
.remorqu er
remouch er
.remouill er
.rempaill er
rempaqu er
.rempaquet er 6
.se rempar er
.remplac er
rempli er
.remploy er 2
.se remplum er
rempoch er
rempoisonn er
rempoissonn er
.remport er
rempot er
remprisonn er
.remprunt er
.remu er 7
rémunér er 4
remusel er 5
renâcl er
renag er
.renard er
rencaiss er
renchaîn er
rencloîtr er
renclou er
rencogn er
.rencontr er
rencors er
.rencourag er
rendett er
.rendoubl er
reneig er
.renett er
renettoy er 2
renfaît er
.renferm er
renfil er
renflamm er
.renfl er
.renfonc er
.renforc er
renform er
.rengag er
.rengaîn er
rengendr er
.se rengorg er
se rengouffr er
rengrain er
.rengraiss er
rengrég er 4
rengrén er 4
reni er
.renifl er

renivel er
remaill er
.renomm er
.renonc er
renou er 7
.renouvel er 5
renoy er
renseign er
.rensemenc er
rentonn er
.rentass er
.rent er
renterr er
.rentoil er
rentonn er
rentortill er
rentraîn er
.rentr er
renvelopp er
.renvenim er
renverg er 2
.renvers er
renvid er
renvi er
.renvoy er 2
réoccup er
réopin er
réordonn er
réorganis er
réoxyd er
repam er
se repam er
.répar er
repar er
.reparl er
repartag er
.repass er
repaum er
.repav er
repay er 2
.repêch er
repeign er
repel er
repelot er
repens er
reperc er
.répercut er
repér er
repes er 3
répétaill er
.répét er 4
.repeupl er
.repill er

.repiqu er
.replac er
replaid er
replanchéi er
.replant er
.replâtr er
repleur er
repli er
répliqu er
repliss er
.replong er
repomp er
repopularis er
.report er
repos er
reposséd er 4
.répous er
repouss er
repousset er
repoust er
reprécipit er
représaill er
.représent er
reprêt er
.repri er
.réprimand er
.réprim er
repris er
reprêch er
reproch er
.reprouv er
.réprouv er
républicanis er
.répudi er
.répugn er
répullul er
repurg er
.réput er
requêt er
.se requinqu er
réquip er
resacr er
resaign er
resalu er
.resauc er
rescell er
.rescind er
resem er 3
.réserv er
.résid er
resiffl er
.resign er
résign er

.résili er
.résist er
résonn er
.respect er
.respir er
ressass er
.ressaut er
.resséch er 4
ressél er
.ressembl er
ressemel er 5
.ressem er 8-3
.resserr er
.ressoud er
ressu er
.ressuscit er
.ressuy er 2
.restaur er
.rest er
.restitu er 7
.résult er
.résum er
.retaill er
retal er
rétal er
.retap er
.retard er
.retât er
retax er
retent er
reters er
retir er
retois er
.retomb er
.retorqu er
.retouch er
retoup er
.retourn er
.retraç er
.rétract er
retrait er
.retranch er
.retravaill er
retremp er
.retress er
rétribu er
rétrill er
rétrocéd er 8-4
rétrograd er
.rétrouss er
.retrouv er
rétudi er
retu er

retuv er
révalid er
.revanch er
.rêvass er
.réveill er
.révél er 4
.revendiqu er
revent er
.rêv er
réverbér er 4
reverch er
.revér er
revers er
revid er
réviqu er
révér er 4
revis er
revisit er
revivifi er
.revol er
.révolt er
révolutionn er
révolv er
.révoqu er
revoyag er
.réhabill er
ribot er
.rican er
ricoch er
.rid er
.ridiculis er
rifl er
.rigol er
.rimaill er
.rimass er
rim er
rimoy er
.rinc er
.riot er
rip er
.ripost er
.risqu er
.rissol er
ristourn er
rivalis er
.riv er
rix er
rob er
rôd er
rogn er
rognonn er
rôl er
romanis er

rondin er
.ronfl er
.rong er
rongnonn er
ronsadis er
roqu er
.ros er
.ross er
.rossignol er
.rôt er
rotoqu er
rouann er
roucou er
.roucoul er
.rou er 7
.rouill er
.roul er
.roupill er
roussil er
roust er
routaill er
rout er
.routin er
ruban er
rubéfi er
rubriqu er
ruch er
rudent er
.rudoy er 2
ruell er
.ru er 7
rugin er
ruil er
.ruin er
.ruissel er 5
rumin er
.rus er
rustiqu er
sablatis er
.sabl er
sablonn er
sabord er
sabot er
.saboul er
sabrenaud er
.sabr er
saccad er
saccag er
sacchagrifi er
sach er
.sacr er
.sacrifi er
.safran er

saïét er
.saign er
.saignot er
.salari er
.sal er
salifi er
.saliv er
salpêtr er
.salu er 7
.sanctifi er
sanctionn er
.sangl er
.sanglot er
sanguifi er
.sap er
saponifi er
.sarcl er
.sass er
.satin er
.satiris er
.satur er
.sauc er
sau ner
.saupoudr er
.saur er
.saut er
.sautill er
sauvegard er
.sauv er
savet er 8-6
savonn er
.savour er
scalp er
.scandalis er
.scand er
.scarifi er
.scell er
schématis er
schismatis er
sci er
scind er
.scintill er
scorifi er
scrib er
scrut er
sculpt er
.séch er 4
second er
.secou er 7
secrét er 4
.sécularis er
séditionn er
segrég er

.séjourn er
.sell er
.sembl er
.sem er 8-3
semonc er
sentenci er
.sépar er
septembris er
septupl er
.séquestr er
séranc er
séraphis er
sérénad er
.sérén er 8-4
.sergent er
serin er
.seringu er
sermonn er
serpég er
.serpent er
serp er
serpill er
.serr er
.sevr er 3
sextupl er
sey er
.siécl er
.siég er 4
.siffl er
.signal er
.sign er
.signifi er
sill er
sillonn er
.simplifi er
.simul er
sinopis er
.sing er
singl er
.singularis er
.sirot er
.situ er 7
smard er
smill er
soci er
soign er
.sold er
.soixant er
.solennis er
.solfi er
solidifi er
.sollicit er
solmis er

sombr er
sommag er
.sommeill er
.somm er
.sond er
.song er
.sonnaill er
.sonn er
.sophistiqu er
souchev er
.se soucier
.soud er
.soudoy er 2
.souffl er
.soufflet er 6
.soufr er
.souhait er
.souill er
souillonn er
.soulag er
.soûl er
.soulev er 3-4
.soulign er
soumissionn er
soupçonn er
.soup er
soupes er
.soupir er
souqu er
.sourcill er
sous affirm er
sous-amend er
sous-ferm er
.sous-prêt er
sous-lign er
sous-lou er
.soussign er
.sous-trait er
.soutir er
.spalm er
sparg er
spécialis er
spécifi er
.spécul er
sphacél er 8
sphacél er 4
.spiritualis er
.spoli er
stationn er
.statu er 7
sténographi er
stéréotyp er
stérélis er

stéthosup er
stigmatis er
.stimul er
.stipendi er
.stipul er
stoqu er
strangul er
strapass er
strapassonn er
stratifi er
strid er
striqu er
.stupéfi er
.styl er
suag er
.subdélégu er 8-4
.subdivis er
subgast er
.subjugu er
.sublim er
.submerg er
.subordonn er
.suborn er
.subrog er
.subsist er
substantifi er
.substitu er 7
.subtilis er
subventionn er
.succéd er 4
.succomb er
.suc er
.suçot er
.sucr er
.su er 7
.suffoqu er
.suggér er 8-4
.suint er
suif er
suiv er
sup er
superpos er
.supplant er
.supplé er
.supplici er
.suppli er
.support er
.suppos er
.supprim er
.suppur er
.supput er
surabond er
surachet er
surajout er
sur-all er
.surann er
surbaiss er
.surcharg er
surchauff er
surcoup er
.surdor er
surexcit er
surhauss er
surjet er 6
surjur er
surli er
surlou er
surmâch er
.surmen er
.surmont er
surmoul er
.surnag er
.surnomm er
.surpass er
.surpay er 2
surplomb er
sursem er 3
.surtax er
.surveill er
survent er
survid er
.suscit er
suspect er
.sustent er
susur er
syllab er
syllabis er
syllogis er
syllogistiqu er
symbolis er
symétris er
.sympathis er
.syncop er
systématis er
tabis er
.tabl er
tabour er
.tach er
.tâch er
.tachet er 6
.taillad er
taill er
talingu er
tall er
.tallonn er
talut er
.tambourin er
.tamis er
tamp er
tamponn er
.tanc er
tang er
tangu er
.tann er
.tap er
.tapiss er
.tapot er
taqu er
.taquin er
taquonn er
.tarabust er
.taraud er
.tard er
.tar er
.se targu er
tarif er
tarifi er
.tartaris er
.tartufi er
.tass er
.tât er
.tâtillonn er
.tâtonn er
.tatou er 7
taud er 6
tavel er
tavet er
.tax er
.teill er
teint er
.témoign er
.tempér er 4
.tempêt er
.temporis er
.tenaill er
.tent er
terc er
tergivers er
.termin er
terrag er
.terrass er
terreaut er
terr er
terrifi er
terrorifi er
terroris er
testament er
.test er
.testifi er
.têt er
théoris er
.thésauris er
.tierc er
.tignonn er
tigr er
.till er
.timbr er
timon er
.tint er
tintin er
tiors er
tiqu er
.tiraill er
tirass er
tire-lir er
.tirer
tiss er
.tisonn er
tiss er
titi er
titill er
.titr er
tois er
.tolér er 4
.tomb er
tom er
.tonnel er 5
.tonn er
.tonsur er
tontur er
.top er
toqu er
.torch er
torcin er
torqu er
.torréfi er
tors er
.tortill er
tortu er
.tortur er
.tost er
totalis er
.touch er
tou er
touff er
toupill er
tourb er
.tourbillonn er
tour er
.tourment er
tournaill er
tournass er

tourneboul er
.tourn er
tournoy er 2
.touss er
.tracan er
.tracass er
.trac er
.trafiqu er
traill er
.traîn er
.trait er
.tram er
.tranche-fil er
.tranch er
.tranquillis er
transbord er
.transfér er 4
.transfigur er
transfil er
.transform er
transfus er
.transgress er
transhum er
.transig er
.translat er
transmur er
transnov er
.transperc er
.transpir er
.transplant er
.transport er
transpos er
transsubstanti er
transsud er
transvas er
transvid er
.traqu er
.travaill er
travers er
traversin er
travouill er
.trébuch er
tréfil er
.tréfl er
treillag er
.treilliss er
trélingu er
tréluch er
.trembl er
tremblot er
.trémouss er
.tremp er
trépan er
.trépass er
.trépign er
.trésillonn er
tressaut er
.tress er
trévir er
trezall er
.trich er
.tricot er
.tri er
trimball er
.trim er
.tringl er
.trinqu er
.triomph er
.tripl er
tripliqu er
tripolliss er
.tripot er
tripudi er
triqu er
triss er
.tritur er
.trôl er
.troll er
.tromp er
.trompet er 6
.tronçonn er
trôn er
.tronqu er
.troqu er
trotin er
.trott er
.trottin er
.troubl er
.trou er 7
.trouss er
.trouv er
truff er
trutil er
.tu er 7
.tuil er
.tuméfi er
.turlupin er
turlut er
tutoy er 2
tutub er
.tympanis er
.tyrannis er
.ulcér er 4
universalis er
.urin er
.us er
ustensill er
usur er
.usurp er
.utilis er
vaccin er
.vacill er
.vagabond er
.vagu er
vaigr er
.valet er 6
.valid er
.vals er
.vann er
.vant er
.vantill er
vaporis er
vaqu er
varand er
.vari er
.varlop er
varr er
.vaticin er
.se vautr er
se végétalis er
.végét er 4
.veill er
vein er
vêl er
velout er
velt er
.vendang er
.vén er
vénér er 4
.veng er
.vent er
.ventil er
ventous er
.verbalis er
.verbiag er
.verdoy er 2
verg er
.verget er 6
.verglac er
.vérifi er
.vermeillonn er
vermill er
vermillonn er
se vermoul er
.verniss er
vérot er
.verrouill er
.vers er
.versifi er
vess er
.vétill er
.vex er
viand er
vibr er
.vicari er
.vici er
.victim er
.vid er
viell er
.vilipend er
.vinaigr er
.violent er
.viol er
.vir er
.virgul er
.vis er
.visit er
.vitr er
.vitrifi er
vitriolis er
vitupér er
.vivifi er
.vivot er
vocalis er
vocifér er 4
.vogu er
.voil er
.voisin er
.voitur er
.volatilis er
volcanis er
.vol er
.volet er 6
volt er
.voltig er
volut er
.vot er
.vou er 7
.voût er
.voyag er
.vrill er
vulgaris er
zébr er 4
zest er
zinzolin er

Verbes inusités de la 1re Conjugaison.

aarbrer
abaiser
abarrer
abayer
abéliser
abéquiter
abouffer
abraquer
abreveter
abrévier
abrier
abriver
abuissonner
abulleter
académiser
.acarer, ou *accarer*
acaser
.acciper
.s'accointer
.accoiser
accompagner
accravanter
.acertainer
acesmer
s'acétifier
achaisonner
achaler
achoiser
s'achopper
acorer
.acter
acuter
adamagier
adhaler
adinérer
.admonester
adoler
adolorer
adomestiquer
adorner
adoucer
adroger
adurer
aériser
aerter
affaitier
affier
affistoler
affonder
afforer, ou *affleurer*
affouguer
affourer
affraîcher
.affrioler
affriter
aganter
agarder
agravanter
agréer
agréver
.agrouper
aguimper
ahonter
aisier, ou *oasier*
alberger
.albrener
alenter
alester
algébriser
alinger
alivier
allaîcher
allnder
aloser
alourder
alterquer
alver
amanter
amaper
amaser
s'amâtiner
ambuler
.amagrammer
amesurer
.ameubler
amidonner
amignoter
s'amignonner
amodérer
amolier
amonéter
amonter
amouter
ancharer
anglaiser
anglomaniser
anneler
anser
antidater
aparager
aplaner
apiter
aplester
apointisser
apologiser
apoltronner
.apostumer
apothéoser
s'appaillarder
s'apparager
appateler
appenser
appointisser
appréhender
approximer
appurer
architecturer
archoyer
arder
aréger
arer
arpager
apiécer
.arquebuser
arrafler
arramber
arramier
.arrenter
arriser, ou *riser*
s'arronter
artialiser
artiller
artusonner
artisonner
arsabler
s'assavourer
assécher
asserter
asseuler
astucier
atalander
atarder, ou *attarder*
atinter
atourner
attédier
attremper
aubiner
.authentiquer
aveller
avener, ou *avner*
bachiner
baculer
bagueter
baiguiner
baller
ballotter
balustrer
banqueter
barbariser
barbeyer
bardachiser
barocher
barytonner
basquiner
bastringuer
.batteler, ou *bavasser*
.baudoiner
bauffrer
béer
beffler
béguetter
bertauder
besogner
bestourner
beuiller
bienveigner
biesser
bigler
biguer
bigarner
billebarrer
billeter
biscotter
blanchoyer
blasonner
blatérer
bléer
blandoyer
.boffumer
bordailler
boner
boughoner

bougier
bougironner
bougouer
.bouquer
bourvaliser
.brelander
brester
briber
briffer
brochurer
brouiner
brumer
brutifier
burger
buvasser
buviner
cabuser
cacaber
cadeler
.caimander
coumander, ou *quémander*
calamistrer
calanger
calefreter
calenger
calengier
calmer
camistiquer
camousser
campier
caneter
cangréner
canuetiller
se capricier
.carabiner
.cardinaliser
.caroler
carréger
cataloguer
cathédrer
catholiser
caveliser
cerquemaner
certainer
chafourer
chalmer
.chalumer
chantreiner
se chemer
chérer
chicoter
chier
chiffler
chiller
se cointiser
coïonner
colaptisser
chimériser
chinquer
chiquenauder
chocailler
choser
choter
chresmeler
chroniser
cicérouiser
cidrailler
cigaler
cinéfier
circonvoler
clamer
clainer
clainer
clinguanter
clisser
clupper
cocheniller
cocufier
coërcer
se coffiner
cognommer
cointer
cohésionner
coïonner
collander
collecter
comfabuler
commer
comparager
compeller
compénétrer
compéter
compisser
composter
comulquer
congéer
conjager
conniller
.conquéter
conroger
consistorier
consonner
.conspuer
constupler
.contaminer
.contemner
contre-carteler
contre-penser
contre-petter
contre-regarder
contre-escarper
convenancer
copter
copuler
coquelucher
cordager
correctionnaliser
corsairiser
corybanter
se crempiller
crauler
créanter
crétiser
crocher
crochuer
.croquignoler
se crotifier
cruéliser
cryptogamiser
cuider
dansoyer
débagouler
débiffer
décaractériser
décardinaliser
décarneler
déchalander
décharmer
déciller
déconfiancer
déconsacrer
décordonner
décrampiller
dédaller
dédéner
.déformer
diffubler
se défrauder
.dégasconner
.dégoter
dégueuler
déharder
.déhouser
déjauger
délonger
démâcher
dépailler
déplayer
dépléder
déprier
dérester
désacointer
désairer
se désallier
désapétisser
désassiéger
.désastrister
.désauner
désedimer
se désemgaigner
désenger
désevrer
désexcommunier
désimmortaliser
désincamérer
désolestruer
désoccuper
déseuner
désulturer
détérer
détignonner
détraper
dévassaliser
se dévergogner
dévirginiser
déviriliser
dialogaliser
dialogirer
diamanter
diamétraler
diapemer
.diaprer
diatessaroner
diluvier
doloser
domestiquer
dourder
.se dragonner
.dreurer, ou *dreusiter*
driller
denter
s'ébanoger
ébérecer
.ébertauder
ébiler
.ébrener
ébranler
écarbouiller
échamper
éclaffer

éclopper
écouer
écriturer
effigier
effioler
efformier
effrouer
égraffigner
éherber
élocher
.élogier
élucider
émariner
émasculer
émarger
émagoler
.embabouiner
embaburnoser
embâiller
.embâmer
.embataillonner
embesoigner
emblayer
.embler
.emblier
embobiner
.embottler
emboucher
.embrener
embrescher
.embriconner
embrouchier
.embrouiller
embuler
embuffler
s'emburelicoquer
.émender
émerillonner
émenter
emmanner
emmanteler
emmarer
emmariner
emmerder
emmeubler
emmitrer
émorieler
émoyer
.empaler
.empatronner
s'empalloquer
empréner
emperler
empiéger
empiéner
.empiffrer
empiger
.empourprer
empurser
énamérer
énarrher
énaser
enceinturer
encéper
enchapeler
encharger
enchartrer
enchausumer
enclasser
enconvenancer
s'encornailler
encoulper
.encourtiner
.encréner
encréper
s'encréper
endicter
endiquer
endonnairer
endoyer
eneyer
enfagoter
enfantiller
enféer
enfieller
enforester
.enganner
engarder
engeiner
engeôler
enger
.engerber
enginer
engraisser
enhacher
enborter
enhuiler
s'enjuvencer
embarmer
ennasser
s'ennuiter
s'épurer
enquinoder
enquadrupéder
enroucancer
enseller
ensépulturer
enthverser
s'entrauoler
entrecaler
entre-vâcher
épaler
épantier
épéter
épinocher
.épiscopiser
épister
.épitomer
.époinçonnner
s'époufler
équarrier
errandonner
errementer
.escarbécher
escafer
escachamer
escoupeler
esgaliver
esgarder
esguiller
esmilier
espinguer
esprêter
esquicher
.escencier
estrapader
étréper
étriver
étrousser
.s'évaltonner
.éverdumer
éverrer
exerciter
exiguer
eximer
exoiner
expiller
extoller
fabler
fabuliser
facturer
fainer
falaiser
fallorder
fanfarer
fantasier
fatiliser
fatrasser
féer
féner
féintiser
fenestrer
férer
finir
.fioler
flabeller
flaconner
flamber
.fleuronner
flibustier
.fairer
.folichonner
folioter
folliner
forconseiller
forconceiller
forgager
forjuger
se formarier
formiguer
.fornouer
frarager
frégater
freinguer
fréler
friander
frigaler
frivoliser
furibonder
futuriser
fuyasser
gabarier
gabeler
.galantiser
se galer
galler
galevander
galiffrer
gambeter
.garçonner
géantiser
gébecier
gendrer
gentilhommer
.guinguer
giroyer
glaper
se goguer
gareter
se gorgiaser
gorumer
gournabler

grabeler
grainer
grappeter
gratiner
grenouiller
griéver
griveler
grimauder
grivoiser
se guémenter
.guerdonner
guier
guimper
guiorer
harauder
harer
hargouler
harpier
harpéger, ou *arpéger*
se harpigner
.heaumer
henner
hériponner
se herper
heuler
.heurer
hober
horoscoper
houssepailler
hupper
s'hypocratiser
imparter
inaniser
incaguer
incentriquer
incrasser
.incriper
indulger
infibuler
inficier
insculper
.insipider
inseler
insulariser
intabuler
interjecter
intexiguer
intrigailler
introniser
invader
isser
itérer

se jacter
jambayer
jargauder
jober
lacier
laidauger
lancérer
lucuber
machichoter
maquer
magadiser
.magnifier
.maisonner
malagmer
m[illegible]aiser
.mapper
margauder, ou *margoter*
marler
marmitonner
marmonner
martialiser
martyrer
materniser
maximer
.méliorer
méplacer
.mercularisei
métrifier
meugler
miraculiser
mirauder
mitrer
mondifier
mulcter
narguiller
nasarder
nicter
nonanter
noncer
noncier
norqueter
notuler
obier
obombrer
obruer
obscurer
obscurifier
obsister
ocaigner
ochier, ou *ocier*
œillader
oigner

oirrer
oler
olinder
orer
ossianiser
ostagier
ostraciser
orider
outrecuider
orer
pacquer
pagayer 2
paillarder
palleter
pantiner
papaliser
papéger
.papelarder
papelardiser
.parachever 3
.parainer
paranniser
.paranympher
parfarcer
parloriser
paroler
parpayer 2
partroubler
paster
paterniser
patrimonialiser
pauleter
.paumer
peau-de-chienner
peinturlurer
pelauder
penader
pener
pennader
péremptoriser
pertuiser
philoloquer
philtrer
pignorer
pinceter
pistoler
pistoleter
plausiter
plager
pleiger
plommer
ploustrer
pluviner

.poigner
poix-résiner
pollurer
poltroniser
pomoyer 2
postposer
pouger
pourratter
se pourmener
préceptoriser
.précompter
se préfigurer
prétintailler
preuver
priceller
principer
privilégier
proéminer
prosager
proser
putaniser
pupiler
putasser
pyrrhoniser
.quadrer
se quarrer
queurser
quidier
quilleter
quinquinatiser
quirriter
se quitteler
quotter
rabaster
raccoiser
racer
.ragoter
réer
rajamber
ramadouer
ramander
rambler
rambourrer
ramponner
raneurer
rapsoder
ratiser
ratoner
ravigourer
ravoirer
ravoyer
ravigourer
réavigner

se rebiner
rebouiser
rebrouillonner
rectraiter
récocher
recoiter
.se recolliger
rectorier
rédargéier
rédarguer
réembrer
refoxiller
.regourmer
regradiller
régrer
réincruder
rejouter
relicher, ou *relécher*
religionner
réliquer
relucter
se remembrer
rémérer
remusser
.renardiser
.se renfrogner
renoper
rénumérer
repairer
reptiler
rescousser
reseller
resemeler
resemer
reseqner
se résinifier
ressaigner, ou *resaigner*
.ressaigner
rességner
resséper
ressiner
restipuler
restorner
riffer
ribler
retruder
rioller
risser
rister
riter
roster
rôtisser
sabrenasser
sabrier
saburrer
sacerdocratiser
sacmenter
saccoper
saguetter
sailler
saner
saquer
sarmenter
sarper
sagrer
sauteler
scopéliser
séer
seigneurier
sener
semoner
séraaber
serfocier
serforcetter
sesper
sibylliser
similer
siroper
sister
socratiser
solacier
soldurier
sorer
soudiviser
se soulacier
soulasser
sous-déléguer
sous-diviser
spothifier
spermétiser
stabler
storgner
stigmatiser
subodocer
se suicider
suifer
supercéder
superséder
suppéditer
surglacer
syndiquer
syntéliser
tabellioner
tabuter
taconner
talemousser
tantaliser
tauricider
taurobolisei
teigner
teincher
tendrifier
terser
testonner
tétriner
théologiser
thinguer
tintamarrer
tintouiner
tituler
lituliser
toaster
tortionner
traitailler
transeser
tranler
transnater
trantaner
traper
tréchanger
tremter
trétorner
trigauder
trinquebaler
truander
trucher
tumultuer
typographier
uller
uniformiser
vendiquer
se ventrouiller
verroter
vespériser
vidimer
vigier
villonner
voquer
vréder
walser
zéder
zester
zézayer
zinzibuler

—

2me CONJUGAISON.

abaisir
abéausir
abélir
abhorrir
afférir
afflaquir
affolir
affraîchir
s'agaillardir
agonnir
agrédir
alâchir
allégérir
allégir
alestir
alentir
s'allangourir
allanguir
s'amaladir
s'annonchalir
amnir
apiétrir
appâlir
appointir
arrudir
assagir
assalir
assentir
atténerir
attenir
attérir ou *atterrir*
avir
blandir
blarir
bléchir
blémir
calmir
courir
challir
chauvir
chevir
compartir
compellir
se conjouir
cotir
décharpir
2 dédormir
déprevenir
se dessujétir
désaisir
dinbrir

ébaudir	mainbrunir	surquérir	surmourir
ébulir	mintrir	térotir	chanfreindre
écarrir	mipartir	tollir	circonduire
équarrir	mutir	tombir	circuire
échampir	ocurcir	transgloutir	se complaindre
égaudir	ordir	tréselir	contendre
embruir	parardir	vertir	couldre
émeutir	parservir	waraudir	courre
emmaladir	piétrir	—	dépromettre
s'encloti r	pleuvir	3me CONJUGAISON.	échésir
enfiellir	plévir		entondre
enfiérir	pourir	s'adouloir	enquerre
ensourdir	rangourir	amantevoir	époindre
érucir	ramir	chaloir	entre-lire
escharnir	ravestir	conduloir	fortraire
escupir	reblandir	déloir	feindre
estuir	se récampir	dévouloir	mésentendre
estomir	refaillir	se douloir	mévendre
félir	rejouvenir	nonchaloir	obtondre
fiestir	relanguir	ramentevoir	offendre
foupir	resarcir	remanoir	perprendre
frémolir	réselir	souloir	pourfendre
genir	retollir	—	pourprendre
havir	rissir	4me CONJUGAISON.	portraire
heurdir	rosir		recourre
hostir	seigneurir	accommettre	recroire
huir	séqueurir	acconduire	sémondre
impartir	serfouir	aduire	sous-tendre
jorir	sorbir	apendre	se tramettre
langourir	sourdir	ardre	transluire
lénir	surmourir	arrire	tréfondre

4e conj. 5e modèle *ir—ire*, à la term. de l'inf. ; conquérir, ébouillir, entr'ouïr, réconquérir, refaillir, bien vouloir, décevoir, dépourvoir, promouvoir, resavoir, s'éprendre, forfaire, ne sont employés qu'à l'inf., et aux temps passés. Quérir, démouvoir, ravoir, auroire, attraire, qu'à l'inf. S'entre-battre et s'entre-détruire, s'entre-nuire, s'entre-secourir, s'entre-suivre, qu'au pluriel.

www.ingramcontent.com/pod-product-compliance
Ingram Content Group UK Ltd.
Pitfield, Milton Keynes, MK11 3LW, UK
UKHW021118230726
13926UKWH00002B/545

9 782014 438550